一人飲みで
きていく

稲垣えみ子

朝日出版社

一人飲みで生きていく

はじめに

まずはじめに、この本が何を目的としたものかを述べておきたいと思います。何しろ世知辛い世の中ですからね。こういうことは最初にはっきりさせとかなきゃいけません。

この本は、「一人飲み」に恋い焦がれて、つまりはさりげなく一人飲みができるヒトにどうしてもなりたくて、しかしどうやればそんなことができるようになるのかさっぱりわからず、仕方がないので徒手空拳《としゅくうけん》で一人飲み修行を繰り返し、ついにその「極意」ともいうべきものを摑み取った私の自慢話……もとい、体験談であります。

つまりはこれさえ読めば、あなたもいつの間にか「一人飲みマスター」になれるというわけ。

もちろん、何事も実地訓練は必要です。しかし恐れることはありません。大概の失敗は、すでに私がイヤと言うほど経験しております。その失敗を踏まえた実に実践的なアドバイスを懇切丁寧に書き記していく所存です。なので、私の助言をしっかり頭に入れてコトに臨めば、必ずや道は開けます。

……と、ここまで書いて、ふと不安になってきた。

確かにこれを読めば、どんな人でも必ず「一人飲み」ができるようになります。そこは自信を持って断言できる。

だがしかし、そもそも「一人飲み」ができるようになりたい人が、この世にどれほどいるのだろうか？　っていうか、どれほども何も、たとえ一人でも存在するのだろうか？　つまりは余計なお世話どころか、全くの無意味なことを書こうとしているのではなかろうか……。

しかし本当のところ、私はこう思っているのです。

みなさん、一人飲み、是非ともやるべきです。それは必ずやあなたの人生を変えます。良い方に。明るい方に。不安のない方に。

そう、はっきり言いましょう。

一人飲みができるようになると人生が開けます！

ウーソーダーと思うでしょ？　でも本当なんだなこれが。

あ、結論を急ぎすぎて、うっかり大事なことを言い忘れておりました。そもそも私の定義する「一人飲み」って何？　ここがはっきりしないとそもそも話が進みません。

一人飲みができるって、こんな人。

何かの用事で初めての場所へ行き、無事用事も済んで、さあ時間も頃合いだし、ちょっと軽く一杯やって帰ろうかナ、などと思う。

あ、もちろん一人であります。

駅前の盛り場をウロウロし、感じのいい路地などちょいと覗いて、あ、この店が匂うゾと見当をつける。決断したら迷わない。パッと勢い良く暖簾《のれん》をくぐると、店の人から「いらっしゃい」の声。軽く人差し指を立てて「一人なんですけど、いいですか」とニッコリしてみせる。ハイお一人様、カウンターどうぞと促され、先客の間を縫ってするりと腰掛け、あとはビールでも熱燗《あつかん》でも。突き出しの酢の物などつつきながら壁のメニューをゆったり眺め、アジの天ぷらにしようかしら、シシトウの醤油煮も頼もうか……。クゥー、なんてオトナの世界！　ドラマのシーンそのものですな。

で、どうですか。あなたできますか？　これ。

結論から言うと、これができる人は案外少ないのではないでしょうか。

単に、夜、外で飲み食いするだけなら、できる人は少なくないでしょう。私だってそのくらいはなんとかできた。

しかしこれが全く楽しくない。なぜなんだ。ついカレーとか蕎麦とかパッと食べてさっと帰れるところを探してしまう。だって一人で夕食ってミジメなんだよどうしたって。そんな現場、他人様には極力見られちゃいけない姿なんであります。間違って知り合いになんぞ目撃されちゃったら最悪。一緒にご飯を食べる友人もいない残念なヤツと思われる……なーんて考えているともう味なんかしやしねえ。なるべく早く腹を膨らませてとっとと店を脱出せねば。

これは「一人飲み」じゃないですね。「孤食」と言います。

我らが目指す「一人飲み」のイメージをさらに明確にするため、ここで私が勝手に認定したザ・キング・オブ・一人飲みマスターをご紹介します。

それは、映画「男はつらいよ」の寅《とら》さん！

何を隠そう、私が一人飲みに憧れた原点が寅さんでありました。

あれは40代半ばの頃だったか、フト気づけば家のテレビで再放送の「男はつらいよ」

を食い入るように見ている自分がおりました。いやね、ちょっと疲れていたんだよ。会社員人生というものに。小さな終わりなき競争に。しかしそこから抜け出す勇気もない。まあよくある話です。

何にせよ、一体いつの間にこんな袋小路に迷い込んだのかとため息をつきまくっていた私の目に、寅さんは超人にしか見えなかった。だって、家もない、金もない、妻子もいない全くのその日暮らし。現代がいくら格差社会といってもここまで振り切った人はそうはいない。でも寅さんがすごいのは、もう全然寂しそうじゃないんだ。人生を嘆いてもいない。誰かを恨んでもいない。それどころかどこにいても周囲は笑いでいっぱいで、いつの間にやら愛されすぎて人様の家にちゃっかり居候したりしている。

一方の私。すべてを持っているのです。独身ではあるが家も仕事もそこそこの金もある。でもいつだって、まだ足りない失いたくないと悩み怯えてばかり。この差は一体なんなんだ。どこをどうしたら寅さんのように……と考えていてピンときた。

そうだ、まずは「一人飲み」修行じゃないかと。

全国を旅する寅さんは、食堂とか飲み屋とか、そこらのいろいろな店にふらりと一人で入っていく。そして実に感じよくふんわりと会話を始め、いつの間にやら店の人や客の心を摑んでいくのです。瞬時にして初めての場所を「マイリビング」に塗り替えてしまう魔法がそこにありました。だから寅さんは強いのです。

私はあんなふうに見知らぬ人の懐に入っていくことなんて絶対できない。そうだよだから狭い世界に執着し、不満や不安を持ちながらもそこから出て行くこともできず、無力な自分にただ怯えているんだ。問題はそこだ。社会でも会社でもない。我が貧弱な人間力！

こうして酒場へと突撃を始めた中年女がおりましたとさ。

今にして思えば、「男はつらいよ」の車寅次郎に憧れて一人飲み修行を始めるなんて、随分野心的なことを考えたもんです。だって何と言ってもあれは映画です。ありそうでもありえない話だからこそ面白いのです。現実は甘くない。一人飲みができるようになったぐらいで、寅さんみたいな自由すぎる人生が過ごせるなんて、んなことあるわけない。

……と、思うでしょ。

しかし現実とは恐ろしい。奮闘努力の甲斐《かい》あってなんとか傷だらけになりながらも修行を終えた私、よほど酔いが回ったのか、50歳で長年勤めた会社をあっさり早期退職しまして、以来、夫なし子なし定職なし、仕事をしたりしなかったりしながら、近所のおっちゃんおばちゃんと「今日は蒸すね〜」「今から銭湯?」などと声をかけ合いつつのほほんと暮らすという、まさにフーテンの寅のごとき生活を始めたのです。

もちろん、周囲にはさんざん驚かれた。なにせ今や人生100年時代。年金もあてにならない感じです。なのに何のあてもなく会社を途中で辞めるなんてそんな早まったことして老後のお金は心配じゃないのと、会う人すべてに聞かれたこの5年。

まあ当然の質問と思います。でも本人はデンと構えているんだよ。実のところこんな人生もありなんだとほくそ笑んでいる。いやほんと。

一体なぜなのか。

結局ね、一人飲みを通じて、生きていくのに本当に必要なものはお金じゃないってことがわかったんだと思う。

いやもちろん、お金は大事です。お金が全くなけりゃ一人飲みもできんからね! でも、お金はあればあるほど幸せになれるってわけじゃない。いやむしろ、意外なほど少ないお金でも十分幸せにやっていける。寅さんを見よ。いつも金がないのに、いやむしろ金がないからこそ幸せにやってるようにしか見えない寅さんから学ぶことは大きい。

そう、みんな幸せになるにはまずお金と思っているけれど、いくら貯めてもキリがないのがお金。だからみんな不安なんだよね。でもお金以外の方法ってものがある。口先の綺麗事じゃなくて、具体的なやり方ってものがある。それが大事なんだ。それがわかれば、幸せはお金で買わなくても自分の力で作り出すことができる。

私は一人飲みの修行を通じてそのようなことを教わったのです。

そうと知れば、人生の恐怖はものすごい勢いでなくなります。あなたも一人飲みをやってみればわかります……というわけで、まあ騙されたと思って是非この本をお読み頂き、この閉塞感溢れる世の中で、こんなはずじゃあなかったのになぜか行きづまってしまったようにしか見えない自分の人生にスカッと爽やかな風穴を開けようじゃありませんか!

ヨシ、やったろやないかとついヒザを打ってしまった、そんなおっちょこちょいが一人でもおられましたら、筆者としてこれほどの幸せはないと思う次第であります。

もくじ

3章 発表！ 一人飲みの極意12か条

1章

「一人飲みできない」とはどういうことか

どうしても一歩が踏み出せない

というわけで、いよいよ実践編。何はともあれ、私の体を張った汗と涙の「一人飲みデビューレポート」から始めさせて頂こうと思う。

とはいえ、その前に。

つい先ほど「寅さんに憧れて一人飲み修行を始めた」と書いたわけだが、現実には、この「憧れて」と「修行を始めた」がスンナリ繋がったわけではない。早い話が、かなりの時間が無為に流れたのである。

というのも、確かに憧れてはいた。ものすごく。しかしイザ実行しようとすると、これがぜーんぜん簡単じゃないんだもん。

だって、考えてもみてくださいよ。一人飲みですよ？　で、一応私、女性です。しかも当時はアフロでもなんでもなくセミロングのどこにでもいるフツーの女。もちろんイマドキ女性だからなんだって話ですが、現実問題として、酒場においてはまだまだ女はマイノリティー。もちろんグループでワイワイ飲むスタイルなら、今や女性だけの会だって珍しくもなんともない。しかし一人となると、いきなり話が違ってくる。

実際、この店いい感じだナ、一人でも入りやすそうだナ、入ってみようかナと思ったことは何度もあった。しかし、恐る恐る暖簾の隙間から中を覗くと、カウンターは圧倒的におじさんで占められている。それもなんというか、普通のおじさんじゃない。一人飲みをするおじさんである。いうならば「おじさんオブおじさん」である。いかにもディープである。そこにうら若き女性が……いや間違えた、うら若けりゃそれはそれでなんだかドラマティックというか絵になる気もするが、うら若くもなんともないオバハンが一人割り込んでいくのである。さぞかし皆様、解釈に困るに違いない。こいつは一体……何がしたいのか？　何かあったのか？　で、何者？

……えーっと、そりゃこっちが聞きたいよ。別に何がしたいわけでもないんだから。しかしそれをどう表現していいのかわからない。まさか最初からペラペラ言い訳するわけにもいかないし……などと考えるだけで手汗がにじみ、結局、何事もなかったかのごとく、ただの通りすがりデスという小芝居をしながら店を離れ、いつものようにうどん屋やカレー屋を探し、そそくさと食べ寂しく夕食を終える羽目になるのであった。

追い詰められてスタートライン

こうしてグズグズと一人飲みデビューに踏み切れぬまま数年が経過したのだが、日頃の行いがよほど良かったのであろう、神は我を見放さなかった。そうついに、その時が訪れたのだ！

……イヤ何のことはない、単にサラリーマン的な、切羽詰まった事情が発生しただけのことである。

きっかけは、当時勤めていた新聞社で、「地酒（日本酒）」をテーマにした連載記事を任されたことであった。

念のため言っておくが、「任された」といっても抜擢でもなんでもなく、社の業績低迷でリストラの嵐が吹き荒れる中、記事を書く人が減りすぎて、中間管理職という名の窓際族だった私に「どーせヒマだろ？」と白羽の矢が立ったのであった。テーマが地酒だったのは上司が地酒好きだったゆえ。何ともいい加減なことだが、このいい加減なことがゆくゆくは私の人生を変えることになるのだから、世の中とは面白いものである。で、まあ確かにヒマといえばヒマ。だが困ったことが一つ。私、酒はそこそこ飲むが、日本酒はほぼ飲んだことがなかった。今でこそ日本酒はそれなりにメジャーになっているが、当時（約10年前）はほぼ見向きもされない存在だったのだ。酒といえばビール、ワイン、焼酎。で、凡人である私も世間の人と同様、これらを喜んで飲んでいたのである。

なので、にわか仕込みで日本酒の勉強をせねばならなくなった。

早い話が毎晩のように日本酒を飲み歩くことになったのだ。

最初は何の問題もなかった。「日本酒好き」を自認する先輩や同僚を誘っては、雑誌で見つけた日本酒充実店へせっせと出かけた。新聞社というところは酒好きが多いし、まして日本酒好きは「語りたがり」「教えたがり」が多いので、声をかければ付き合ってくれる人はいくらでもいた。

ところが、次第に雲行きが怪しくなってきたのである。

誘っても断られる。それもことごとく。なぜなんだーと思っていると、先輩がふと漏らした一言。「お前と飲みに行くとウルサイんだよな……」。なぬっ、ウルサイですと？

……いやそうか、そういうことか。私の日本酒に関する知識が蓄積されるにつれ、私自身がいつの間にか「語りたがり」「教えたがり」になっていたのである。それがどうも彼らのプライドを傷つけていたらしいのだ。ああ酒飲みは面倒くさい……。

丸腰に耐えられない

かくして、日本酒の記事を書かねばならないのに「日本酒の勉強」に誰も付き合ってくれなくなったのである。

そんな私が取るべき道は、もはや一つしかなかった。

そう、いよいよ「一人飲み」決行の時が来たのだ。

いやー……。

憂鬱。

だってですよ。そもそもそれができるんだったらとっくにやってます！　ずっと憧れてたんだから。どうしてもやりたいと思い続けてきたんだから。でもどうしてもできなかった。いざとなると勇気を振り絞っても全然足りず、店の前を何度か往復してはすごすご引き返し続けてはや数年。

だがもう逃げられぬ。これをピンチと言わずして何と言おう。

で、ふと考えた。

そもそも一体なぜ、私はこんなに一人飲みが怖いのか？

一人で店に入り、飲み食いする。それだけのことだ。命をかけた戦いを挑みに行くわけじゃない。仮に場の空気を多少乱したとしても、一応は客なんだから、よほどのことがなければ追い出されたり叱られたりするわけでもなかろう。っていうかそもそも自意識過剰だ。誰も私のことなんて気にしちゃいないに違いないのである。

それでも怖いと思ってしまうのは、要するに私はこの歳になるまで「このような経験」をしたことがないからだ。

それは「一人で、丸腰で、世界と正面から向き合う」経験である。

孤独を恐れず、寂しさから逃げず、堂々と生きるという経験である。

そう気づいた瞬間、私はガーンとなったね。

私は今まで一体何をしてきたのだろう？　スイスイと世の中を泳いできたんじゃなかったのか？　幸運や時代にも恵まれて、いい学校を出ていい会社に入り、金を稼ぎステータスを得るという若い頃からの人生の目標をなんとかかんとかそれなりに達成できたんじゃなかったのか?

でもそれは、結局のところ、弱い自分を補強するためのヨロイ作りにすぎなかったのかもしれない。「私、ドコドコのこういう者で」と言える肩書きを得ることで、この恐ろしい世界になんとか自分の安全な陣地を築いてきただけだったのかもしれない。

ふと気づけば私自身は弱く頼りないままなのである。入りたくても入れない立ち飲み屋の前で、こわごわと中を見ないふりして見て震え上がっている私は、限りなく無力であった。そこには、必死で手に入れた肩書きに頼り切り、飲み込まれてしまっている自分がいた。肩書きを奪われて丸腰になっちゃったら、一人ぼっちでどう振る舞っていいか皆目わからない自分がいたのだ。

人生100年を生き抜く修行

いやー、びっくりだ。

だって曲がりなりにも私、この世知辛い世間を何十年も生きてきたんだよ。当然、立派に自立したんじゃなかったのか。親元を出て広い社会に飛び出し、一人で暮らしを立て、競争から取り残されないよう頑張って経験を積んできた。その結果、転勤のたびに家は広く立派になり、若い頃は行けなかったオシャレな高級店にも堂々と行けるようになった。これぞ大人の余裕。全く私もエラくなったもんだ。ずっとそう思っていた。ところが何のことはない、大人の余裕どころか、一人になった途端どこへも行けやしねえ。

一体いつの間に、こんなことになったのか。

ガキの頃はそんなことはなかった。一人、丸腰で初めての砂場へ乗り込んでいくことを恐れなどしなかった。「先客」がいても怯むことなく、いつの間にやら共にドロンコになり遊んでいた。

それが今やこの体たらく。

自立どころか退化しているではないか!

で、これはきっと私だけの問題ではない。

定年が来て会社を辞めた途端、どう生きていけばいいのかわからなくなるサラリーマンは山ほどいる。それって結局、一人飲みができず逡巡している私と同じである。だって肩書きを失って一人になった途端、どう世の中に居場所を作ればいいのかわからないから途方に暮れちゃうわけでしょう。

っていうか、彼らは私だ。私もこのままでは、100%そのようなドンヨリした「定年後」を過ごすことは疑いない。

いやー、まさかの事態である。

実を言えば、ずっとそのような「濡れ落ち葉」たちを冷ややかな目で見てきた。早い話が「オトコの問題」だと思っていたのだ。家事もせず仕事以外の趣味も持たず、給料を稼いでくるというだけでふんぞり返っているから、給料をもらえなくなった途端に存在価値がなくなっちゃうんだと。私は違うもんね。一人暮らしだから家事もできるし、ヨガとか山登りとか仕事以外の趣味もある。定年が来ようがちっとも怖くない。そう信じ切っていた。

でも男とか女とか、そういう問題じゃなかったのだ。

家事もするし趣味もある。それが何だというのだろう。結局「何かができる私」ってものに頼って生きているんである。仕事ができる私、家事ができる私、ヨガができる私、だから人とは違う私……結局肩書きに頼っているのと同じことである。

でもそんなものは酒場では通用しない。店に入っていきなり、名刺を配ったり、ヨガの先生の資格持ってるんですなんて説明するわけにはいかない。ただの私。何者でもない私。そうなったらどんな顔をして酒を飲んだらいいのかもわからない。だから私は酒場に入っていくのが怖いのだ。


これはもう、全くもってうかうかしている場合じゃない。

何しろ、気づけばひたひたと老後が迫っている。今や年金もどこまで頼りにできるかわからない。しかも人生100年時代らしいじゃないですか！　長い長い人生の後半戦を、肩書きもお金もなく生き抜かねばならない事態が、すぐそこにでんと待ち構えているのである。

このままじゃいけない。自立しなくてはならない。身一つで、自分のなけなしの「人間力」でもって、なんとか自分の居場所を作る力を身につけねばきっと大変なことになる。

私は人知れず、グッと拳を握りしめたのでありました。

2章　いざ突撃！

真夏の夜の大作戦

というわけで、ある夏の夜、仕事を終え会社を出た私は一心不乱にテクテクテクテクと大阪の街を歩いていた……いや、すみません。ちょっと嘘をつきました。テクテクどころか足取りは重く、目的地に近づくにつれてさらに重く、一心不乱どころか、いつだって引き返したい思いであった。

もちろん目的は一人酒デビューである。目指すは、とある小さな居酒屋。当然電車で行った方が早いのだが、できるだけ「決戦の時」を先に延ばしたく、30分以上かけてわざわざ歩いて店へと向かったのだ。

我ながら驚くほど弱気である。

もちろん、この日のために作戦を練りに練ってきた。

まず店選びである。いうまでもなく、この店をデビュー戦の相手に選んだのは深い考えがあってのことだ。

数週間前、会社の先輩と一度行ったことがある店。

この「一度」というのがポイントである。

初めての店に一人で乗り込んでいくのは、やはりハードルが高い。なんたって、中がどういう雰囲気なのかは入ってみなけりゃわからない。初心者にはあまりにも危険な賭けである。

かといって、同僚と何度も行ったことのある店というのも、これまた具合がよろしくない。ずっと団体でワイワイ出かけていたのが突然一人で乗り込んでいった日にゃあ、店の人に「何かあったのか？」と、痛くもない腹を探られそうな気がして一人勝手に挙動不審な行動を取りそうである。それに、もしもデビュー戦がうまくいかずに気まずい雰囲気になったりしたら、以後、その店に顔を出しにくくなってしまうではないか。

ということで「一度」行った店。我ながらよく練られた選択である。

明るいご夫婦が切り盛りする、カウンターだけの程よく上品な店というのもポイントであった。ヘンな客はきっと来ないだろうし、席は8つくらいしかないから、まごまごした一人飲み初心者でもカウンターの向こうから暖かく目配りをしてもらえるんじゃないかと虫の良いことを考えたのである。

加えて、私にはこの店に行かねばならぬ理由があった。ご主人にちょっとした用事があったのだ。というか「作った」のである。

一人飲み経験のない私が最も恐れたのは、店の中で一人、ポツンと浮き上がってしまうことだ。だって、そんな状態で針のムシロに座っての「機嫌よく一杯」なんてありえないではないか。でも普通に考えて、どうやったってそういう状況に陥りそうである。だって一人なんですよ！　隣にいるのは知らない人。あるいは空気。つまりは咳をしても一人。

それを避けるにはどうしたらいいか。

そりゃやっぱ、会話でしょう！　我が目指すところのフーテンの寅さんだって、いつも絶妙の会話にて店の懐にスイっと入っていく。そう、感じのいい一言こそがきっと世界を変えるのだ。

だが一体、何を話せばいいのか。

会話には話題というものが必要である。だが、会ったばかりの人と共通の話題がどこにあるかなんて、わかるわけない。

というわけで。今私が向かっている店である。ここならば、少なくとも店のご主人に対してはちゃんと会話ができる「話題」があったのだ。

というのも、私はご主人に、多大なる恩義を受けたばかりであった。当時担当していた地元の酒蔵を紹介する連載記事で、某人気酒蔵の社長をご紹介して頂いたおかげで無事に取材させてもらえる運びとなったのだ。となれば、ここは是非とも直接お顔を見て報告とお礼を申し上げねばなるまい……というのはもちろん口実で、そんな礼儀正しい行動を取ったことなど人生初である。いろんな意味でスミマセン……でもそのような大義名分なくしては、一人で夜の暖簾をくぐる勇気などとても出やしなかった。

しかしこうなってみれば、人様の世話になるということは、カタジケナイというより実はなかなかの資源なのかもしれぬ。我らはつい、人に迷惑をかけるのもかけられるのも避けて生きていきたいと考えてしまうが、もしかするとそうではなくて、人生は人に迷惑をかけたりかけられたりしながらやっていく方が案外豊かなのかもしれぬ……などと日頃考えもしない哲学的なことをごちゃごちゃ考えているうちに、いつの間にやら店に到着してしまった。

やはり、いざとなると足がすくむ。しかし30分以上かけて歩いてきたんだから、今さら引き返すのはさすがにないやろと自分で自分を追い込んで、意を決してエイやと扉を開けた。
それはまさしく、私が新たな人生の扉を開けた瞬間であった。

「あ、いらっしゃい」に救われる

扉をガラリと開けて店内を覗き込むと、なんと満席である。全員がジロリとこちらを見たような気がして、想定外の事態に大いにひるむ。

というのも、我が勝手な脳内シュミレーションでは、客は数人で店の人も暇にしていて、そこへ私がやって来て「どーぞどーぞ」と歓迎され……というところからナチュラルな会話が始まるはずだった。だが現実は、満席時に突然やって来る招かれざる客。それが私。しかも一人。しかも中年女……とネガティブ思考が頭を巡る。

思わず、あっスミマセンと小声で叫んでくるりと引き返しそうになる自分を叱咤してなんとか踏み止まり、助けを求めて顔見知り（のはず）のご主人を素早く探す。といってもカウンターだけの小さな店なので、目が合うまでに2秒もかからなかったはずだ。でも私には3分ほどに感じられた。あと1秒遅かったら確実に気絶していたと思う。

で、ご主人。さすがである。

目が合うやいなや、にっこりして「あ、いらっしゃい」。

このとき私は、人の一言とは人を天にも昇らせれば地獄にも落とすということを痛いほど学んだのであった。この「あ」が、私には実に重要だった。天国への階段であった。「あ、イナガキさん、覚えてますよ」という「あ」なんだと思わせてくれたからだ。この「あ」がなかったら「あんた誰？」「(このクソ忙しい時に) 何しに来た？」と思われてるんじゃ……とネガティブ街道爆進だったに違いない。

そしてご主人、満席のはずなのに、なんと「どうぞどうぞ」と店内に招き入れてくださるではないか。

ナルホドこれぞ一人客の強みである。満席に見えても実は一席くらいは空いているものなのだ。再び良いことを学ぶ。こうして狭い空間にするりと滑り込み、まずは無事着席に成功である。

ホッとしたところで、さっそく想定してきた会話の実演。

まずは、ご紹介頂いた酒蔵の社長が取材を承知してくださったことを報告してお礼を述べる。そして、もちろん最初に注文するお酒はこの蔵のお酒だ。「『風の森』お願いします！」とニッコリ明るく大きな声で。まあなんてスムーズな流れ！　頭の中で何度もイメージトレーニングしてきた甲斐があった。

手持ち無沙汰と戦う

何事も滑り出しが9割。ここまでくれば後の会話はなんとかなる。もちろん話題は、ご主人の紹介で取材が決まった酒蔵について。ちょうど良い機会なので、事前取材を兼ねて次々と質問。社長さんはどんな方か。イケメンの息子さんについて。そしてどんなポイントを取材したら面白いか……。

ああ〜話題があるってなんて素晴らしい！　ユーモアいっぱいで客あしらいのうまいご主人と、要所要所で絶妙の合いの手を入れてくださるキュートな奥様にも助けられ、ようやく、緊張のあまり1センチほど浮いていたお尻が、椅子にしっとりと馴染んでくるのがわかる。

というわけで、おもむろに「ナスのたたき」を注文。

いやー、なんか一人酒っぽくなってきました！

だがフト気づけば、1分もしないうちに目の前のナスが半量以下に。お酒のグラスもすでに空っぽに近い。

なるほど。一人だと手持ち無沙汰なあまり、つい間を埋めようと、矢継ぎ早に酒と料理に手が伸びてしまうのである。イカンイカン。もっとゆるりと楽しまねば。深呼吸して、一口食べるたびにいちいち箸を箸置きに置くことにする。我ながら上品である。慌てて飲み込まず、よくよく噛んでみたりもする。ナスだから噛んでるうちにすぐなくなっちまうが気にしない。大事なのは「落ち着いて」「料理をちゃんと味わう」という心がけである。

そうしてモグモグモグモグと黙って口を動かしていると、徐々に周囲の人の会話が耳に入ってきた。

右隣では背広にネクタイのオジサマが、会社の後輩と思われる若い女子に一生懸命日本酒を勧めている。オジサマは、近くの神社で開かれた日本酒イベントにこの女子を誘って出かけたらしい。だんだん話が盛り上がってきて、イベントでその女子がいかに豪快に飲みまくっていたかを面白おかしく、でもちょいと自慢げにご主人に報告している。実は私もそのイベントに行ったので微笑ましく聞き耳を立てていると、ふとオジサマと目が合い、思わず「私もイベント行きましたよー」。すごい！　私、見知らぬ人と自然に会話できてるじゃん！

すかさずご主人も会話に加わり、和気藹々《あいあい》と話が弾む。で、お酒追加！　なんか……こ、これは私、ついにやったのでは？　リラックスして一人飲みを楽しむという人生初の時間が過ぎてゆく。

人生が広がる？

こうしてなんとか一人飲みデビューをほぼ合格点で飾ったところで、気づけば閉店時間も間近である。ああこの勝利の時間がいつまでも続けばいいのにィと思うが、そうもいかない。一人去り、二人去り……静かになってきたところで、ふとご主人に「これから『一人飲み』がちゃんとできるようになりたいと思っているんですけど……」と相談を持ちかけてみた。

「一人飲み！　いいですねー。ぜひやってください！」

え、随分軽くおっしゃいますけど、女が一人で酒、ですよ？

「全然、平気じゃないですか？　うちも一人で飲みに来られる女の方、結構いらっしゃいますよ。いやー、女性の方が勇気があるんじゃないかなー。男の方がダメですね」

そ、そうなんですか。

「絶対いいですよ！　人生が変わりますよ！」

そこまで推しますか。

「知らない人ともいろいろ会話できるしね。人生が広がるっていうのかな……」

ご主人、ちょっと遠い目になっている。あ、もしかしてご自分が一人飲みに出かけたいんですね。でも店があるからそうそう出られないですもんね。

それはさておき、人生が変わる！　人生が広がる！　この言葉には大いに心を動かされた。普通に考えたら、結婚するとか宝くじで大金を摑むとか、そんな大掛かりなきっかけでもなければそうそう変わりそうにないのが人生というものであろう。それが「変わる」と。それもたかだか一人飲みで！

なるほど、やはり一人飲みとは修行なのだ。私の、あるいは現代人の多くの人生に決定的に欠けている大切な何かを見つけ、育て、磨き上げる、万人に開かれた大いなる旅なのだ。

ならば、やらないという選択肢などあるはずがあろうか。

ヨシそこまでおっしゃるのなら、勇気を出してさらに研鑽《けんさん》を積み、何が何でも一人飲みをスイっとナチュラルにできる女になってやろうじゃないか！　と、冒険の道へのりだす決意を固めた勇者のようなハートを抱いた中年女がひとり、意気揚々と店を後にしたのであった。

歯を食いしばって次の店

で、いい具合に仕事がちゃっちゃと片付いたある日、そうだ今日あたり、あの店にもう1回一人で行ってみようかナ、今度は2回目だからそんなに緊張しなくて済むしナ……などと会社の机で思いを巡らせていたところで、ハタと気づく。

そもそも旧知のご主人がいる店に頼っていたんじゃ、「一人飲みをスイっとナチュラルにできる女」とは言えないんじゃないか。全く知らない店にもフラッと行けるようでなければ「人生が広がった」とは言えぬ。

というわけで、歯を食いしばって次なる修行のハードルに選んだのは、自宅の最寄駅近くにある小さな立ち飲み屋さんである。

駅前のバス停の真ん前にあり、実を言えばバスを利用するたびに気になって気になってチラチラ眺め続けてはや数年……何を隠そう、私は「立ち飲み屋」というものに長らく強い憧れを抱いていたのだ。だってそこは一人飲みのベテランが集う聖地。すなわち私のような修行者が決して避けて通れぬ目標の場所なのである。

思い返せば、私が立ち飲み屋の存在を初めて意識したのは20代半ば、地方支局から大阪本社へと意気揚々と転勤してきたときであった。

新人時代を過ごした地方を出て、久方ぶりのキラキラ大都会生活に心を躍らせていた若き私。だが大阪とは不思議な街で、超高級ブランドショップが立ち並ぶ都心のそこかしこに、小さな立ち飲み屋がポコポコ存在するのである。私はそれを見て実に衝撃を受けた。というのも、そこに出入りする方々が、当時の私が最高峰に憧れていたグッチやらシャネルやらに出入りする方々よりはるかにカッコよく見えたのである。

それはなんとも言えない「大人」の世界だった。暖簾の向こうは真昼間だろうがアナザーワールド。通りがかりのおっちゃんが一人パッと暖簾をめくってひらりとカウンターの前に陣取り、悠々とビールを飲んで串カツ食べてさっと帰っていく。その様子があまりに自由で、しかし当時の私はグッチには頑張って入れても、逆立ちしてもそこへ入っていく勇気はなかったのである。

なぜだろう？　つまるところ、私には何かが欠けているのだ。世の中にはお金なんぞでは決して手に入らないものがあるのだとぼんやり思った。

立ち飲み屋デビュー戦

で、いよいよその「立ち飲み屋」デビューの時が来たのである。

とはいえ私が照準を定めたのは、若い頃から憧れ続けたディープなオヤジの巣窟ではなく、ちょいとおしゃれで小綺麗な、いわば「ライト立ち飲み」。いつも混んでいて、女性の姿もちらほら見かける。ここならば、私のような軟弱者でもなんとか入っていけるのではないだろうか。

店の外に置いてある黒板に、いつも「オススメの日本酒」がずらずら書いてあるのも良かった。何しろ日本酒勉強中の身である。勉強も修行も兼ねて一石二鳥と思えばモチベーションも上がるというものだ。

というわけで、早めに仕事を切り上げてイザ出陣……とはいえ、やはり足取りは石のように重い。何しろ今度は初めての店、しかも初めての立ち飲み。プレッシャーは前回の比ではない。恐る恐る店の前に立ち、まずは気持ちを落ち着けて例の黒板をチェック。「限定酒あります」なんて書いてある。そうだヨ、あくまでお酒の勉強に行くと思えば良いのだ。

よし、入るぞ！

自動ドアがウイーンと開き、中を見ると、よかった結構空いている。混んでいるなか割り込んでいくのはやっぱり勇気が要りますからね。深呼吸して気持ちを整え、カウンターの向こうの若い店員さんに軽く目で会釈をしながら、とりあえず入り口に近いスペースにさっと身を滑り込ませる。

で、まずは店員さんに「限定酒ってどんなのがあるんですか」と質問。会話のとっかかりとして、さっき黒板を見た時に「こう言おう」と決めていたセリフである。我ながらナチュラルな滑り出し！　すると「メニューに書いてあります」。あ、そうなのね。まずは軽く空振りである。

しかしこんなことでめげてはいけない。気を取り直してテーブルに置かれたメニューを見ると、先日取材に行ったばかりの「秋鹿」を限定酒リストの中に発見！　あら嬉しい！　アウェイな場所で旧知の友人に会ったかのようだ。よかった〜知らない人ばっかりで心細かったんだよ……というわけで、「あきしか、お願いします！」と自信を持って注文。あ、そうそう、秋鹿といえば忘れちゃいけない。「あのー、お燗してもらえますか？」。

いやね、秋鹿といえばお燗が美味しいのだ。ということを、先日の取材でとくと学んできたばかりなのである。

すると若い店員さん「あー、これは冷やで飲んでほしいんですけど」。

……これがボタンの掛け違いの始まりであった。

「そんなことも知らねえのか」

燗を頼んで断られる、というのは、実は決して珍しい話ではない。

というのも、近頃は日本酒をキンキンに冷やして飲むのが一つの「常識」になっていて、ワイングラスなどで冷やしたお酒を飲むのが「正しいこと」であり、かつオシャレであると考える店や客が少なくないのだ。もちろん、人様の好みなのでそれを私がどうこう言うことではないのだが、問題は、その反動で「燗をつけて飲む」ことが、まるで時代遅れの野蛮な行為のように思い込んでしまう店が増えてしまったことだ。

……ということを、当時日本酒の勉強を始めたばかりの私は知ったばかりというタイミングであった。そして、ちょうど燗酒の美味しさに目覚め始めていたこともあり、その不当な扱いを内心腹立たしく思っていたのである。

何しろ、たとえ蔵元が「うちの酒は是非お燗して飲んでほしい」と思い、燗をつけてこそ美味しくなるお酒を一生懸命作ったとしても、その思いが世間の誤った「常識」に阻まれてちっとも浸透しない。結果、そのようなお酒を置いている店に行き当たっても、お燗をつけてほしいと頼むと、「そんなことできません、ちゃんと冷やで飲んでほしい」と、逆に叱られたりするのである。

誠に残念なことである。

とはいえこのようなお店はあまりにも多いので、今更いちいち驚くようなことじゃないのだ。

ところが。

この時の私は何しろ「一人酒の冒険に出かけた勇者」の心境なので、なめられちゃいけないと思ったんですな。「えー、お燗ダメなんですか……」と、あからさまに不満そうな顔をして見せたのである。こちとらシロートじゃないんだぜ、秋鹿は燗が美味しいんだ、オススメの酒と書いておきながらそんなことも知らねえのか？（以上、心の声）というわけだ……ああ今となっては思い出しても冷や汗しか出てこない。とはいえもちろん喧嘩するほどの覚悟も度胸もないので（なくて本当によかった）「じゃあ、冷やで」と、〝しぶしぶ〟感をおもいっきり醸し出しながら注文をしたのである。

当然、微妙な空気が流れる。いや……いきなり居心地が悪い。何しろ一人だから、悪い空気を切り替えるような会話をする相手もいない。一人飲みとは、自分で作った空気は自分で引き受けるしかないということなのだと思い知るも、時すでに遅し。

すると、しばらくして店員さんが戻ってきて、「あの、ぬるーい燗だったらできますけど」。え、ホント？　ありがとうございます！　粘ってよかった！　でも、さぞウルサイ客と思われたんだろうな。うーん……。

ひたすら黙って飲む

とはいえ初めての店なので、それ以上店員さんと会話をすることもできない。いやね、別に私、ウザい日本酒マニアでもなんでもないんですよ、ただ燗酒を飲みたかっただけで、本当はけっこういいヤツなんですよ……とかなんとか言い訳したいのだが、当然、店員さんが話しかけてくれるわけでもなく、こっちから話しかけようにも忙しそうだし、注文した「すくい豆腐」「アジの刺身」はとても美味しかったんだが、「おいしいです！」という一言を言うタイミングすらつかめん。

そうこうするうちに、後から来た男性客が私の隣に陣取って、店員さんと親しそうに会話を始めた。かなりの常連客のようで、これこそ「一人飲みの達人」だよなあと羨ましい。

どうやったらこんなふうになれるのだろうか。

この前行ったお店みたいに、この会話に自然に入っていければいいんだが、あのお店のご主人みたいに気を遣ってくれる人もいないし、そもそも「ウルサイ客」になっちゃってるし、会話の内容がおもいっきりローカル（この二人、出身地がかなり近いらしい）ので、入っていける余地ゼロだし……などと頭の中で一人ツッコミを繰り返しながら、ひたすら黙って飲み、食う。

うーん。一人飲みの道は険しい！

この前のお店は、あくまで知り合いがやっているお店ということで、かなりのオマケ付きで気持ち良く過ごさせて頂いただけだったのだということを今更ながら思い知る。つい先ほどまで強がっていた勇者は何処へやら、である。

肩を落としてフト上を見上げると、天井近くに置かれたテレビでにぎやかに阪神戦の野球中継をやっていた。土地柄からして当然、ほとんどのお客さんは阪神ファンであるらしく、選手のプレーに一喜一憂している様子である。私は特に野球に興味があるわけではないのだが、他にすることもないので仕方なく、一人そのままぼーっとテレビを見上げる。ああ孤独だねえ……。

ただ時だけが無為に流れ、そのうち、不甲斐ない選手をユーモアを交えながらののしるお客さんの会話が耳に入ってきて、思わず一人でクスッと笑ってしまう。もちろん、誰も反応してくれる人はいない。

バカみたいだ。

これが今の私の精一杯

というわけで、誰にも相手をしてもらえず、なすすべもなくぽつんと一人、店内に置かれたテレビで中継中の阪神戦をぼーっと眺める私である。

いや……よく考えると１００％ナゾだ。ナゾでしかない。一体何をしに、肩怒らせてノコノコこんなところへやって来てしまったのか。野球中継なら家で寝転がって見れば良い。その方がよほどリラックスできるではないか。

だが。

ウン、これでいいのだ。たぶん。いやきっと。

確かに今の私はあまりにも一人ぼっちである。でもそれが現実なのだ。これが今の私の精一杯。確かにいてもいなくてもいい存在でしかないけれど、おとなしく野球を見ているうちに、もう笑えてくるというか、諦めの境地というか、降参というか、なるようになれと思ったら少し肩から力が抜けて、次第に見知らぬお客さんたちと呼吸が合ってきた気もしてきたのであった。

そう。少なくとも「いても邪魔にならない」存在になることはできている、ような気がする。

そう空気のような……いやいやそれって全然褒め言葉じゃないよね。そう思うと虚しいけれど、考えてみれば、空気だってちゃんと役目がある。いやちゃんとどころか重要な役目がある。感謝どころか意識すらされないが、空気があるから人は生きているのだ！

……などと無理やり自分を納得させたところで、「ごちそうさまでした」と店員さんに声をかけ、おとなしくレジへ向かう。

お勘定をしてくださったのは、奥で料理を作っていた若き店長さんらしき人。お金を数えているところで、ふと私が手に提げている袋に目を留めて、「日本酒、お好きなんですか？」。そう、その日はたまたま、大阪の酒屋さんで（勉強のため）一升瓶を買って帰る途中だったのだ。「あ、はい……かなり好きなんです」。

そうそう、会話ってこういうことだ。無理やりするもんじゃないですよね。流れってものがある。ま、このやりとりでますます「面倒くさいマニア」と思われた可能性はあるが、それはそれで仕方ない。何度か通っているうちに少しずつ誤解が解けていけばいいんじゃないのかな？　と、すっかり素直な気持ちになっている私である。

振り返れば、この立ち飲み屋さんが、我が実質的な「一人飲みデビュー」だったのだと思う。もう全く鮮やかなデビュー戦とはいかなかったが、兎にも角にも勇気を出して入り、居心地の悪さに耐え、飲んで、食べて、少なくとも生きたまま出てくることはできた。おかげで、居心地の悪さに耐える「心の持ちよう」のようなものだけは、ほんの少し摑めたような気もしたのであった。

失敗の原因を考察する

しかし改めて思い返すと、まあまあひどい体験であった。それなりに作戦を練り、心の準備もしていたはずが、一体なぜあのような失敗をしてしまったのか。

……っていうかよく考えると、そもそも謙虚にそんな反省をしている自分に驚く。これまでは、友人や同僚と初めて行った店で居心地の悪い思いをしたら、それは100%「店のせい」だと思っていた。皆でプリプリ怒り、もう二度と行くもんかと言い合って溜飲《りゅういん》を下げていた。それが今回は、居心地が悪かったのは100%「自分のせい」だと考えている。

一体どうしちゃったんだろうね私。

もしかすると、これも一人飲みが人生にもたらす醍醐味の一つなのかもしれない。たった一人で世界（居酒屋）とストレートに対峙していると、世界とは自分自身が作り出しているものに過ぎないんじゃないか、つまりは「自分の行動が自分に返ってくる」だけなんじゃないかということを恐ろしいほど理解せざるをえない。だってですよ、私が失敗をしでかした店はいつだって混雑している人気店で、私以外のお客さんは実に楽しそうに飲み食いしていたのだ。つまりは間違いなく「良い店」なのである。そんな中、私一人だけが、その良さを楽しむことができなかった。つまりは敵は外にいるのではなく自分の中にいたのである。どんな店に行こうが、自分の態度次第でその店は天国にもなれば地獄にもなるということを、私は痛いほど噛みしめざるをえなかったのである。

ということで、なぜあのような失敗をしでかしたのか。改めて振り返ってみる健気なワタクシであります。

「面倒くさい客」と思われてしまった原因。それはやはり「知ったかぶり」をしたことであろう。

たまたま知っていた銘柄の酒を見つけたのをいいことに、その酒についてのウンチクを、聞かれもせんのに、初めて行った店の人に偉そうにご披露申し上げた。イヤそこまであからさまに言ったわけではないにせよ、虚心坦懐《きょしんたんかい》に振り返ってみれば、「燗をつけてほしい」と注文したのは間違いなく「私は酒にそこそこ詳しいんだぜ」というひけらかしであった。結果、店の方にドン引きされてしまったのである。

ああ一体なぜあんなことをしてしまったのだろう?

私はただ、初めての店でも、そして一人でも、楽しく過ごしたかっただけだったのだ。だがよくよく考えると、どうすればそうできるのかという点において、私は決定的な勘違いをしていたのではないだろうか。


人様に尊重してもらうためには、尊重してもらうに値する大人物でなければならない——私はそう思い込んでいた。故に、自分を大きく見せようとしたのである。だって、普通はそう考えるでしょうよ! 少なくとも私はずっとそう考えてきた。学校で尊重されようと思えば「できる生徒」でなければならない。会社で尊重されようと思えば「できる社員」でなければならない。同様に、酒場で尊重されようと思えば「できる飲み手」でなければならない。

なんの疑いもなくそう信じていたのである。そして、そこが大間違いだったんじゃないだろうか？

「自分を大きく見せる」という愚

これは我が人生において、実に重要な教訓になった。いわば「人生を変える失敗」と言っても過言ではない。

だってですよ、ふと世間を見渡せば、私だけではない、この根本的な間違いに気づかず居場所作りにことごとく失敗し、人生を棒に振っている人がいかにたくさんいることか！　何しろ人は居場所さえあればなんとか生きていけるのだ。現代人はすぐ「金さえあれば」と言いたがるけれど、金が唸るほどあったところで居場所のない人生は間違いなく地獄である。

例えば、定年後のサラリーマン。家庭では妻に煙たがられ、ならば地域デビューをと様々な集まりに顔を出すものの、なぜかどう頑張ってもどこへ行っても浮いてしまい……などというのは現代において実にありふれた悲劇である。で、この悲劇の最大の原因が、この「自分を大きく見せれば周囲に認められる」というカンチガイにあるのではなかろうか。

なぜ彼らはそんな行動を取ってしまうのかといえば、これは競争社会の常識だからだ。「アイツは知識も経験もある人間だ」と周囲に思わせられなければ、仕事の現場ではどんどん隅っこへ追いやられてしまう。我々は常に張り合ってこの競争社会を生き抜こうとしているのだ。人より上に立つことで初めて周囲に尊重され、ひいては幸せを手に入れることができると心の底から思い込んでいるのである。

だがそれが通用するのは、実は「競争社会」だけだったんじゃないだろうか。なんと世の中には「競争していない社会」というのが存在していたんだよ実は！

それは例えば、家庭であり地域であり……そして、そう居酒屋である。

一人飲みを制する者は老後を制する？

いやね、考えてみりゃ当たり前なんですよ。世の中には「競争していない社会」ってものが存在してるって話。生き物はなんだって助け合って生きている。もちろん、時には競争もしなきゃならん。カンガルーだってメスを奪い合ってボクシングするわけだし。でも、じゃあ勝者しか生き残れないのかっていうと、よくよく考えたらそんなことあるわけない。もしそうならほとんどの生き物はとっくに絶滅。

競争と、助け合いと。生き残るにはそのバランスが大事なんだよね。

だが正直な話、私はそんな当たり前のことを全く忘れ去っていた。定年後のサラリーマンの方々を哀れんでる場合じゃなかったんである。

生き残るにはとにかく勝つこと！　特に世の中がしんどくなってくると、ますます勝たねば頑張らねばと必死になった。それはきっと私だけじゃない。ますますキツくなる世の中で、今や本も雑誌もネットも人に勝つための、人より上に立つための情報で埋め尽くされている。そんな情報を必死に検索している間に、「競争以外の価値」なんて存在すら忘れてしまう。

そんなんだから、初めての居酒屋（＝誰も競争なんてしてない場所）で、自分はこんなにスゴイ人間なんだぜと威張って見せたのだ。アホである。何に勝とうとしていたのか。勝ってどうする気だったのか。ちょっと考えたらわかりそうなもんである。それがわからない。何しろ本人は驚いたことに何の悪気もないのだ。ただ「自分の存在を認めてほしい」と心の底から叫んでいるだけなのだ。でも「どうだ！」とイキがっているのは自分だけ。その場にいた全員から「それが何か？」と思われていたに違いない。

今になってみれば、そんな自分をかわいそうにも思う。私は私なりに戦っていた。だがそんな我が世界はあまりにも狭く、出口がなかった。勝ち続ける人生なんてあるわけない。それに怯え、どこまでもいつまでも必死に強がってみせ続けていた私。なんと絶望的な人生であろう。

でも、もしそんなことをしなくたって幸せになれる方法があるのだとしたら？

戦わなくても、強がらなくても、周りに自然に受け入れてもらえる方法があるのだとしたら？

そりゃあ是非とも知らなきゃいかんでしょう。だってね、これから年取っていくわけですよ。体力も気力もどんどん衰えていく。つまり競争ばっかりしてたら負けが込んでくるわけです。ってことは、一人飲みを制するものは老後を制する……のかもしれない。

じゃあ一体どうすればいいのか

競争していない社会（例・居酒屋）では、自分を大きく見せようとすればするほど煙たがられる。

じゃあ一体どうすればいいのか。

ここがわかりゃあ苦労はしない。つまりはまだよくわからない。っていうか全然わからない。だが何はともあれ、「自分」は一旦脇に置いておくことではないだろうか。あの気まずい雰囲気の中でやむにやまれず、もうなるようになれと空気のごとく無になったら、ようやくイガイガした違和感が薄まったことを思い出さねばならぬ。

いわば無念無想。まずは先客の皆様に敬意を表し、場の空気を乱さぬところから。少なくとも邪魔にはならないところから……いや……正直言うとどうもね……っ、つまらん。だって一人飲みってもっとこう、我が理想の寅さんみたいに、初めての店でスイっと周りの人と仲良くなっちゃうみたいな、そんなキラッと光るマジカルなことをイメージしてたんだよ。だが私は残念ながら寅さんではなかった。まずは身の程を知らねばならないのであった。

ということで、めげずに一人飲み修行は続く。

余談だが、この「めげない」のが私のエライところである。我が座右の銘は「やればできる」。ニンゲン諦めずにやり続ければいつか「できる」日が来る。敗北とは、諦めたその瞬間のことを指すのだ。人生は永遠の延長戦。もちろん「できる日」が来る前に寿命が尽きることもあろうが、その時はなんせ死んじゃってるんだから気にすることはない。

と、ムダな前置きを述べたところで次のチャレンジである。

先にも書いたが、当時私が勤務していた大阪は世界有数の立ち飲みタウンで、主要な繁華街では少し脇に入るとディープな立ち飲み地帯がポコポコ現れる。で、私はそうした場所に強い憧れを抱きながらも、どうしても近づけず悶々としていたことも前に書いた通りである。なぜなら、そこでどう振る舞っていいのやらサッパリわからなかったからだ。

しかーし。

今の私は違います！　何しろちゃんと予習を積んできた。というか、失敗を積んできた。少なくとも「やってはいけないこと」だけはわかってきたのである。というわけで、次はいよいよ本丸の立ち飲みエリアへ突撃だ！

いよいよディープな立ち飲み街へ

ターゲットに定めたのは、大阪は梅田の「新梅田食道街」であります。

「食堂街」じゃありませんよ。食道街。茶道、剣道、弓道、書道……そして食道！　なるほど食とは単なる気晴らしや楽しみではなく、心を入れどこまでも追及すべき「道」ということなのであろうか。

「一人飲み道」を極めんとする私にピッタンコのネーミング……と言えないこともない。

というわけである冬の日、そわそわと仕事を切り上げ、再び勇気を振り絞って、きらびやかな阪急デパートの隣に忽然と現れる立ち飲み屋の迷宮へとトコトコ迷い込む場違いな中年女である。

いやー、いいねえ。ここだけ時が止まったような、このスマートな時代にスマートさなど微塵もない昭和感溢れる人臭い空間！　うん、そうだよこれこれ！　……と、ふらふら外から見ているだけなら実に楽しい。

そして、もちろんどのお店も出入りは自由。会員制でもなんでもない。

だがここには「心の会員制」があるのだ。

店を覗くと、どこもカウンターにはおじさんがぎっしり。対して店の人は1人か2人。もちろんてんてこ舞いである。制服を着た店員さんがうやうやしく席まで案内してメニューを持ってきてくれるとかいうサービスは一切ないのだ。

すなわち、ここへ入ったら最後、客自らわずかな隙間を見つけて先客の間にグイと入り込み、店のルールを瞬時に把握し、品書きを素早く見渡して注文を決め、店主とどうにかして目を合わせ……つまりは場所を確保して最初の酒と肴《さかな》にありつくだけでもかなりの才覚と根性が求められる。「スキルなき者は去れ」という無言の声が聞こえる（ような気がする）。ああ再び緊張が高まってくる。

人知れず手に大汗をかきつつ、まずは目指す店の看板を探す。

地元のタウン誌で「おでんと土手焼きが名物の、日本酒が大充実した立ち飲み屋さん」と紹介されていたお店であります。うん、いいじゃないですか。ニッコリ微笑む店主の写真が優しそうに見えたのも、ビクついている私には重要なポイントだった。

にしても、食道街はまさしく迷路であった。何を隠そう私は地図が読めない女。壁の案内図を何度も確認しながらぐるぐると似たような狭い通路を行ったり来たりと一人でさまよっていると、一人飲み修行の道なき道をさまよう自分の今を象徴するようで、なんとも先行きが思いやられる……なーんて考えている間に、お、あれじゃないか？　ついにターゲット発見！

何はともあれ控えめに……

路地の向こうに、ようやく探していた店の看板を見つける。この瞬間が、嬉しいような、追い詰められたような……といういつものパターン。でももうここまで来たら行くしかない。白い暖簾をパッと手でめくり、風のようにさっそうと入店したつもりである。

案外空いていたので、まずは店の迷惑にならなそうな隅っこに陣取る。

そうですとも、今日のテーマは「控えめに！」。万事一歩引いて。間違っても自分を大きく見せようなんてしちゃいけない。お店ファースト。店の都合が第一。そう固く心に決めてきたのだ。

「落ち着いて」と自分に言い聞かせながらまずは店の中をぐるりと眺めると、様々な日本酒の名前が書かれた短冊がそこらじゅうにペタペタ貼ってある。うん、確かに雑誌にあった通り「日本酒大充実」だネ。そしてカウンターの中には、写真にあった通りの、目尻の下がった優しそうな雰囲気のご主人。

「何にしましょう?」

きたー! そう、最初が肝心である。

間違っても知ったかぶりの銘柄など口走ってはいけない。実を言えば短冊の中には知っている銘柄もあったのだが、何しろ初めての店なのだ。店の様子を見る限り、ご主人は相当な日本酒マニアである。その知識の総量は、ヨチヨチと日本酒を飲み始めたばかりの私などとは比べるべくもないこと確実である。まずはその知識と愛情に敬意を表し、身を委ねるところから始めねばならないのではないだろうか?

というわけで、ニッコリと感じよく、そしてやや恥ずかしげに、「あのー、常温の日本酒が飲みたいんですけど(お燗と言いたかったが、前回の失敗を思い出して無理はしないことにした）、オススメはありますか？」と言ってみる。この時の私には、これが精一杯の注文であった。

するとご主人、一瞬「ん？」という表情。うっ……やはり女が一人でやって来て日本酒を注文するというのは普通じゃないのであろうか。だがさすがはプロである。すぐに真顔を取り戻し、壁にずらりと並んだ一升瓶をじーっと眺めて、その中から一本を取り出してコップになみなみと注いでくださるのであった。

ニッコリ「美味しいです！」

ご主人が一升瓶からコップに注いでくれた最初の一杯。ドキドキしながら一口、ちびりと舐めてみる。

おっ、これは……美味しい！

……というか……いや本当に美味しかったんですよ、間違いなく。

でもここでお断りしておきたいのは、美味しい不味いと言ったたって、中途半端なグルメ評論家みたいに疑い深く香りを嗅いだり色をチェックしたりしたわけじゃない。それは今の私が取るべき態度では断じてない。なぜってそれは店に対する敵対的行為である。テメエが初めてふらりとやって来ただけの存在、つまりは吹けば飛ぶような客であることを忘れ、自分は客なんだ神様なんだ店を査定してやるから待ってろヨと言っているに等しい態度のように思えたのだ。そんな態度では百万年経っても一人飲みマスターにはなれぬ……ということを私がこれまでの失敗から学んできたこと、読者諸氏はもうご存じでありましょう。

正確に言えば「なんとなく」美味しかった。それで十分であった。そして心からホッとした。

だってご主人が見も知らぬ私のために選んでくれたのだ。そして私はこの店と仲良くなりたい（できれば常連になりたい）と思ってやって来たのだ。なのでどうか美味しいお酒でありますようにと祈るような気持ちだった。つまりはこの最初の一杯とは、見合いにおける最初の挨拶のようなものであった。それがちゃんと美味しかったのだ。ああよかった！

……と思ってご主人の方をちらりと見ると、自然に目が合うじゃあありませんか。なるほど確かに考えてみれば、初めての客だし、間違いなくちょっと挙動不審だし、ご主人の方だって、どうかなこの酒気に入ったかな……と、気になっていたんですよね。
そう瞬時に理解した私は、すかさずニッコリして「おいしいです！」。するとご主人も「そうですか！　よかったです！」。

……あれ？　なんか私、自然じゃないですか？　ちゃんと「初めての客」なりに、お店の人とコミュニケーション取れてるじゃん？

ここで思わず調子に乗ってご主人と「日本酒談義」など始めてしまいそうになるが、そこはぐっとガマン。何度も言うが、今日のテーマは「控えめ」である。まずは黙って、お酒を静かに味わいながら店の様子を観察する。

なんか……やりましたよ私！

周囲を見渡すと、年配のサラリーマン一人客がほとんど。やはり常連さんが多いようだ。それぞれがポツポツとご主人と言葉を交わしている。ナルホド常連ってこんな感じで会話するのね。勉強になります！　だがよく考えてみれば、そんなまったりした空間へ妙な女が乱入して空気を乱してしまったような気がする。すまぬ。早く空気元に戻さなきゃ……いや全くこれまでとは打って変わった感心な態度だよ我ながら。そのためには気負わず、静かに、落ち着いて……と人知れずスーハー深呼吸をしていると、年配のご夫婦らしき二人連れがやって来た。

ご主人、パッと見るや「あ、いらっしゃい」。

「あ」ってことは、やはり常連さんのようだ。

「今日は時間ないねん。家で息子が待っとうから『レタス鍋』持ち帰りたいんやけど、作ってくれる？」と奥様。

なにレタス鍋？　実はさっきから壁の張り紙を見て、ずっと気になっていた。なにせ500円である。どんな鍋なのか？

さっそく鍋を作り始めたご主人にじっと注目する私。温まったおでんのだしを鍋に入れてスープをチャチャッと作り、豆腐、ちぎったレタス、キノコを投入して小鍋でクツクツと煮ていく。うーん……美味しそう！　ふと気づくと、注文したご夫婦も完成しつつあるレタス鍋をじっと見ている。

しばしの静寂。

で、で……なんと私、思い切って、隣にいた奥様の方を見て……

「レタス鍋、美味しそうですねー」

いやいやいや喋りかけちゃいましたよ！　知らない人に！「テーマは控えめ」じゃなかったんかい！　でもでもこの状況で、何も話さない方が不自然な気がしたんですよ！

そしたら奥様、ニコニコして「めっちゃ美味しいで。今度是非食べてみてやー」ですって！

「はい絶対食べます！　ほんまおいしそう！」と、私。

それを横で聞いていたご主人もニコニコしています。

なんか……やりましたよ私！　ついに！　だってすごい自然じゃないですか？　一人酒をスイっとできるって、こんな感じなんじゃないですか？

目の前に確かな道が！

……と、人知れず一人コーフンしている私をよそに、ご夫婦はレタス鍋の完成と共にさっと帰って行かれたんだが、おかげでちょっと店との距離が縮まった気がしたので、

「あの……次は美味しいお燗酒が飲みたいんですけど」と、ほんのちょっとだけ一歩踏み出してリクエストしてみる。

するとご主人、棚からとサッと一升瓶を取ってアルミのちろりに注ぎ、温度計を差し込んでお燗を始めたではないか。

それを見て、思わずジーンとする私。

だって前にも書いたが、燗酒といえば、注文しても「良い酒は燗なんてするもんじゃない」と断られるか、あるいは質の良くない酒をゾンザイにレンジや酒燗器でテキトーにあっためて出す店が圧倒的に多いのである。まあ次第にわかってきたんだが、それもある意味では致し方ないことなのだ。何しろ酒を温めるのは非常に手間のかかる行為。酒により温度に気を配りつつ、ベストのタイミングを外さず次々と燗をつけ続けるというのは、文字通り至難の技である。とりわけ「キンキンに冷やした酒」をありがたがる客が増えている昨今においては、このように丁寧に燗をつけてくださるのは「無償の愛」でしかない。ましてや、最低限の人手で切り盛りせねばならぬ立ち飲み店においては奇跡的親切と言ってもいいのではないだろうか。

……ということを、日本酒取材を進めてきた私は少しずつ理解できるようになってきていたのである。

ああまさにここって、私が探し求めていた店じゃないの！

嬉しさのあまり、今度こそ思わず「燗酒談義」を始めそうになるが、そこをグッとこらえたのは我ながら進歩であった。

何事も図に乗ってはいけない。本当に感謝の気持ちがあるのなら、ここでペラペラと頼まれもせん会話をして忙しいご主人を苦笑させるのではなく、黙って次回、間をおかずに再び来店することではないだろうか。その時「お燗が美味しかったのでまた来ました！」と言えば良いのだ。それですべてが伝わる。それこそが店にとっては一番嬉しいことに違いない。知識とはヒケラカすものではなく、相手にそっと感謝するための道具なのである。

……なーんて考えていたら、目の前にモーゼの十戒のごとくパーっと道が開けるようであった。そうだよ、そうすれば私、夢にまで見た憧れの「常連」への一歩を踏み出せるんじゃないだろうか？

これはもう「寅さん」の域

というわけで、ごちそうさまとにこやかに合図をし、美味しかったです、今度は「レタス鍋」食べます！　と言ってご主人をにっこりさせ、爽やかに風のように暖簾をパッと巻き上げて店を後にする私。

人にわからぬよう、小さく一回だけスキップをする。

だって、だって……私、ついに、なんか摑んだんじゃないですかね？　何しろ改めて振り返ってみればですよ、初めての店にふらりと一人で行き、緊張の中でもちゃんと空気に溶け込み、ナチュラルに周囲の人と会話をして、さらには次に来店する道筋までつけたのである。

か、完璧じゃないか！

っていうか、これはもうほぼ「寅さん」の域と言ってもいいのでは……？　と鼻息荒くコーフンする心をなんとか鎮め、先ほど起きたことを一つ一つ復習してみる。勝因は何だったのか。

まず何よりも、控えめに感じよく振る舞った。

酒の知識をひけらかして自分を大きく見せようなどとはしなかった。

店で交わされている会話をよく聞いた。

その流れで、「ここで一言あったらみんな喜ぶだろうな」という言葉をタイミングよく発してみんなをニッコリさせた（たぶん）。

図に乗って長居することなく、爽やかな余韻を残してサッと帰った。

……いやいや思い返すほどに、我ながら流れるような見事な動きである。しかも、これは計算してやったことではないのだ。自然にこのような動きが自分の中から出てきたのである。最初から決めていたことといえば「控えめに」ということだけ。

ってことはまずはここだ。ここに鍵があったのである。

もう一度、改めて丁寧に復習してみる。

「控えめ」とは、そもそも具体的にはどのような行動のことなのだろう。

私が最初に意識したのは、自分を主張しないということだ。すなわち余計な口をきかないということだ。何しろつい先日、意味のない自己主張をしてドツボにはまったばかり。となれば何はともあれ、同じ轍《てつ》は踏まないことが肝要。というわけで、最初は「つまらん」と思いつつ、ひたすら黙っていた。

でも石のように黙っていたら、単なる陰気な客なのであった。控えめどころか、悪い意味で目立っているような気がし始めた。私の周囲だけ空気が重い。どうもこれはこれで迷惑な客のようにも思われる。イカン。一体どうしたらいいのか。

「つまらん」どころではなかった。控えめへの道は案外厳しかったのだ。

「控えめ」とはどういうことか

「控えめ」とは、石のように黙ることではなかったらしい。予期せぬ事態に、私は慌てて頭をフル回転させる。一体どうしたらよいのだろう……そうだ。考えてみれば石は硬くゴツゴツして人をつまずかせる。だから私は悪目立ちしてしまっているのだ。そんな余計な気配を消すためには、もっと柔らかく、こう風のように……そう石ではなく「空気」にならねばならない。

と言ってもユーレイじゃないから、どうやっても空気にはなれないのであった。なので、私が思いついたのはせめて風通しを良くしようということである。私のところで空気をせき止めず、サラサラ流そうと思ったのだ。

というわけで、意を決して立ち飲み屋の隅っこでスーハーと深呼吸する私。人知れず、空気を流そうと頑張っているのである。そのまんまである。そのあまりの生産性のなさにどうしても落ち着かず、たちまち中断したくなる。だが一人だから他にやることもないし、頑張れ頑張れと自分を励ましてスーハーを繰り返す。

ちなみにこの間、周囲はそんなことには誰も気づかない。単に黙っている客としか思われなかったであろう。

だが私の中では、確実に変化が起きていた。

まず、なんとか深い呼吸ができるようになってくると、少しずつ周囲が見えてきた。最初は緊張のあまりメニューとご主人の顔色くらいしか見えていなかったのが、隣のオジサンが食べている美味しそうなキュウリの漬物も、小さな厨房でご主人がくるくるテキパキと注文を片付けていく様子も、おでんの鍋の中で何が一番よく味が染みていそうかも、ちゃんと見えてきた。

さらには周囲の会話や、湯気の香り。味が染み切ったおでんの大根の味にも意識が向くようになった。どうも、我が五感が少しずつ働き始めたらしい。ま、要するに落ち着いてきたのだ。深い呼吸でリラックスできたのであろう。

で、肝心なのはここからの話。

次第に、妙なことになってきたのである。

五感だけじゃなく「第六感」まで働き始めたのだ。突然、吾が何をなすべきかが見えてきた。ここで一言発するべきか、あるいはニッコリ笑うべきか、それとも何もしないべきか、つまりは私がどう行動したら皆様に喜んでいただけるのかが、ふと気づけばハッキリと見えてきたのである。

となれば、あとはその通りにするだけではないか。

いやはやこんなことになろうとは、だ。まるで魔法である。誠に人生とは何が起きるかやってみるまで全くわからない。

自分を消したら周囲が見える

一旦このような流れができてしまえば、もうチョロイもんである。

何しろ、自分がどう行動すればそこにおられる皆様が喜ぶのか、目の前に一本の道が見えているのだ。

となれば当然、そのように行動する。もちろん、皆様に喜ばれる↓ますますハラが据わる↓さらに周囲がよく見える↓周囲が喜ぶように行動する↓ますます皆様に喜ばれる……まさに正のスパイラル。これでは居心地が良くなって当然だ。で、そもそも私がしたことといえば、ただただ一生懸命呼吸をしただけ。

一体何が起きたのか？　実のところ、私にもよくわからない。

ただ一つ言えることがあるとすれば、私はこれまでの人生で、そもそもこんなふうに、まじめに、一生懸命周囲を「見た」ことなんてなかったんじゃないかということだ。

だって、私は忙しかった。というか、忙しくせずにはいられなかった。

何しろ、そもそも「何もしない」ことに耐えられない。部屋に一人でいるならともかく、居酒屋のように賑やかな中で一人何もしないのは厳しい。無駄にスマホを見たり、なんでもいいから何かをしてしまう。自分にはちゃんと用事があると思いたいし、周囲にもそう思ってもらいたいのである。それほど現代人にとって「何もしない」ことは敗北なのだ。だから忙しぶって、人のことなんて見る余裕はいつだってゼロである。

それだけじゃない。私は実際にも忙しかった。一目置かれる人でありたかった。ナメられぬよう虚勢を張らなくちゃいけなかった。だからこそ華麗にうんちくなんぞ語ろうとした。空気になるだって？　いてもいなくても誰にも気づかれない存在ってこと？　サイアクだ。

ところがこの初めて来た立ち飲み屋にて、私はそれを自ら志した。自主的に空気になろうと、呼吸をし、自分の存在を消したのである。

そうしたら。サイアクどころかそこから思いもよらない広い世界が開けたのだ。

いやね、考えてみれば当たり前なのかもしれない。自分を消したら周囲が見える。私はこれまで、あまりに自分のことばかり考えていて周囲のことなんてまともに見ていなかったのだ。ちゃんと見ればよかったんである。それだけのことだったのだ。見れば、相手が何をしてほしがっているかわかる。結果、どうするかは自由。もちろん喜ばせたくない相手にべんちゃらを使う必要なんてない。でもここは居酒屋だ。周りの人は敵ではない。一緒にホッとしたひと時を過ごしたいと思っている仲間である。自分もそのお仲間に入れていただこうと思えば、相手を喜ばせることが一番の近道であり礼儀ではないだろうか。

これは実に大きな発見であった。この私でも、落ち着いてちゃんと周囲を見ることさえできれば、いつでもどこでも人を喜ばせることができる。幸せにすることができる。そうすれば、そこに自分の居場所ができる。

もしかすると、それを幸せって言うんじゃないだろうか。

人生がパーっと開けた！

要するにですね、スーハー息をしていれば居場所ができるのだ。居場所！　そう現代における孤独な人々が求めてやまぬ居場所！

そんなお宝がこんなことで手に入るとは。キツネにつままれたようだ。

これでもう、私は世の中を恐れる必要などない。だって疲れた夜に一緒にご飯を食べてくれる人を見つけられなくても、あるいは見知らぬ街に一人で放り込まれる羽目になっても、夜になったらそこらの感じの良い居酒屋の暖簾をふらりとくぐり、ただスーハーと呼吸をすれば、たちまち一家団欒《だんらん》の暖かな食事を楽しむことができるかもしれないんである。

そうだよ。一日の締めくくりに暖かな食卓を囲むことができたなら、もう他に必要なものなんてあるだろうか？　それだけで、人生に必要な大方のものは手に入ったと言ってもいいんじゃないんだろうか？　だとすれば、このいろいろありすぎる世の中で、不安を少しでも減らそうと、必死になってあれこれモノやお金を溜め込んだり莫大なローンを組んで家を買ったり、あれこれ保険に入りまくったりする必要なんてないんじゃないだろうか？

つまりは、誰であれ息をしている限り、生きていくのに本当に必要なものは、すべて自分の中に持っているんじゃないだろうか？

これはもう「忍法」と言ってもいい気がする。

忍法スーハーの術！

というわけで、私はこの忍法の効果を実証すべく、夜な夜な居酒屋の暖簾をくぐった。

もちろん一人で。

すると驚くべきことに、この忍法の効果は全く確かなのであった。浮いた感じは入店1分ほどでたちまち消え失せ、店の人はもちろん、隣の人とも普通に会話できるようになった。さらには帰ろうとすると「え、帰っちゃうの？　もう一杯飲んできなよ～。奢《おご》るからさ」などと言われ、初対面の方にお酒をゴチになることも珍しくなくなったのである。

いやいやどうですか、この長足の進歩ぶり！

まさに、初めて一人飲みに挑戦した居酒屋のご主人がおっしゃった通りであった。一人飲みをすることで、四十の半ばを過ぎて我が人生はパーっと開けたのである。

「師匠」のお墨付きを得る

そして「開眼」からふた月ほど経った頃。最初に一人飲みへの挑戦のきっかけを作ってくださった件の居酒屋を再訪した。

もちろん一人であります。

するとご主人、私が扉を開けご挨拶して席に着くなり「いや、もうすっかり一人飲みの風格が身につきましたね！」とおっしゃるではないか。奥様も隣でウンウンと力強く頷いている。「うん、前とは全然違いますよ」。

そ、そうですかね？　っていうか、やっぱり？　っていうか、逆に言えば、最初に一人でここへ来た時はよほど挙動不審で、そんな私が恥をかかぬよう、お二人に縁の下でフォローしまくっていただいていたのであろう。

そんなことにも気づかず「うまくデビューを飾った」などと自画自賛していたのだから、全くもってお恥ずかしい限りである。

今更ではあるが、さりげなくそのような心遣いをくださったお二人に心の中で深く頭を下げた。本当に人というものは、自分が考えている何倍も、見えないところで人に助けて頂いているのだ。それはこのお二人に限らぬことに違いない。これまで通った幾多の店の方々の顔が浮かんだ。

そうだよこのように様々な方々のおかげで私は一人飲みの作法をなんとかかんとか会得し、人生をパーッと広げることができたのだ。その極意を独り占めしていてはバチがあたろう。ということで、ここらで満を持して、私が血と汗と涙で掴み取った数々の教訓を発表させていただこうと思う。

3章

発表！一人飲みの極意12か条

さて、ここまでお読み頂いた中には、よし私も一人飲み修行を始めようと思った方がきっとたくさんおられるに違いない（と信じたい）。そんなあなたに向けて、いよいよ「一人飲みの極意」の発表である。

……なんですが、まずは念のための注意書きから。

ここで言う「一人飲み」とは、ただ単にどこかの店へ一人で入り、ただ飲み食いし、ただ会計を済ませて出ていくことではない。

それだけなら、ファーストフード店もファミレスもコンビニのイートインスペースもそこらじゅうにある今日この頃。やっぱりみんな一人で食事する場所に困っているんだよね。そんな時代の要請に応じて、一人でもサクッと食事できる場所は実に充実している。そこへ入っていくことなら誰にでもできよう。何しろ一人で入っていきやすいように一生懸命作られているのだから間違いない。

でも我らが目指すのは、そこではないのであります。

というか、場所はどこだっていいのだ。公園のベンチだっていい。でもどこであれ、「誰かに暖かく受け入れてもらっている」と感じながら食事がしたいのである。腹を満たすだけじゃない、心を満たす食事。そんなひと時を持ちたいのである。それこそが我らが最終目標である。

え、別にそんなことしなくても大丈夫? 腹さえ満たせば十分? 放っておいてほしいって?

もちろん、それはそれで自由。

でもね、人はどうしたって一人きりでは生きていけない。「孤独が好き」という人だって、本当に一人ぼっちということにはそうそう耐えられるものではない。想像してみてほしい。来る日も来る日も誰とも一切心を通わせず、話もせず、許し合うことも笑い合うことも共感し合うこともなく延々と生きていくとしたら。それは間違いなく生き地獄であろう。

でも、それは誰の身にだって起こり得ることだ。

人生は何が起きるかわからない。何かの拍子に会社や家族との繋がりが切れ、気づけば一人ぼっちというのは決してありえないことなんかじゃない。ということを、この度のコロナ禍でも少なからぬ人が思い知ったんじゃないでしょうか。リモートワークになった途端、気づけば誰とも喋らず一日が終わっちゃったなんて話は実によく聞く。

我々の孤独は案外すぐそこにあるのだ。

で、もしそんな事態に陥っても、つまりは一人きりになっちゃっても地獄に陥らないために、誰でもできる鉄板の解決方法が「一人飲みをする」ことだと私は思う。

社交的でなくても話がうまくなくても大丈夫。むしろ、孤独を好むタイプの人、人付き合いが得意でない人にこそ一人飲みはぴったりだ。だって誰かに気を遣いながら食事の約束を取り付けたり、時間を調整して待ち合わせしたりする必要もない。ただ気が向いた時に一人でふらりとどこかの店に入り、行きずりの人たちの中に紛れ込んで、周囲にそこはかとなく受け入れてもらい、自分も周囲の人を受け入れながら、ただの無名の人間としてリラックスしてその時間を楽しむだけである。

それだけで、腹も心も十分満たされるはずだ。自分は一人だけど一人きりじゃないんだと、腹の底から感じることができるはずだ。というか、人付き合いなんて、人生なんて、案外それで十分なんじゃないだろうか。インスタのフォロワーがゼロだろうが、フェイスブックの投稿に誰も「いいね」を押してくれなかろうが知ったことか。隣の見知らぬ酔っ払いと一瞬会釈し、ひと時の暖かい食事の場を共にすることさえできれば、案外その後しばらく元気に生きていけたりする。それがわかれば、人生は随分と楽チンである。

それは、今の私だ。

一人飲みができるようになり、孤独でも孤立せず生きていけると知った途端、我が人生の恐怖はあらかた消え去った。それだけじゃない。むしろ一人だからこそ周囲の人と繋がることができるのだということも今の私は知っている。飲み屋の店内を見渡してみればすぐわかる。団体で来ている人はワイワイ楽しそうだけど周囲なんか誰も見ちゃいない。彼らは自分たちの閉じられた世界だけを生きているのである。でも一人客は違う。たとえ黙っていたとて、誰に話しかけることも話しかけられることも常にオーケー。一人でいるということは全方位に開いているということなのだ。それさえわかればウエルカムロンリネス。夫も子も勤め先もなく一人ふらふら生きる我が老後だって、きっとなんとかなるんじゃないだろうかと信じている。


だがしかし。

一人飲みなんぞ誰にでもできることとはいえ、大人になれば黙っていても自然に習得できるかというと、そうではない。

何しろ、どうすればそんなことができるのか、誰も教えてくれない。学校や会社では、一緒に食事できるような仲間を作る方法や、様々なシチュエーションの会食で楽しくソツなく振る舞う方法などはそれなりに学ぶことができようが、一人で楽しく食事をする方法、一人でも瞬時にこの世知辛い世の中で居場所を作る方法なんて誰一人として教えてはくれない。全く何でだろうね。もしかすると「一人」をリアルにどう生きるかという知恵は、孤立と分断の時代ににわかに立ち上がってきた新しい切実な課題なのかもしれない。

そこで、不肖私がそのノウハウを書いてみたというわけです。

ここには私が右も左もわからぬゼロ地点、つまりは一人飲みがしたいと思えども、そもそも一体どんな店を選べばいいのか、どんな顔をして店に入っていけばいいのか、どの席に座ればいいのか……など、何一つとしてとんとわからぬ地点から出発し、当然のことながらありとあらゆる落とし穴にはまりまくり、そこからなんとか這い上がってきた記録、血と汗と涙で摑み取った「勘所」のエッセンスが詰まっている。

だからこれさえ読めば、あなたももう孤独なんて怖くなくなるにちがいない、一人でも「団欒の場」を作り出すというミラクルへの足がかりが手に入るんだからね。

というわけで、騙されたと思って是非とも一人飲みにチャレンジしてみてほしい。失敗したとて命まで取られるわけじゃないから大丈夫。っていうかきっと失敗はする。それでも酒場というのは懐が深い場所だから心配は要りません。心配する前にまず行動。リスクを恐れて何もしないことこそ最大のリスクである……と、どこぞのビジネス書みたいなことを言っておく。

ということで、能書きはこのくらいにして、まずは何はともあれ店選びから。

極意その1

「一人客の多い店」を選ぶべし

これは案外大事なことなので、真っ先に言及しておきたい。

何しろ私はこれがわかっていなかったために、無用な失敗を繰り返した。もちろん何事においても失敗は無駄ではないが、初心者がいきなり上級コースへノコノコ出かけても得るものは非常に少ない。少なすぎてもう二度と行きたくなくなる可能性大である。なので、この本を読んでヨシ自分もいっちょ一人飲みをやってみるかと思われたおっちょこちょい……いやたびたび失礼、奇特な方々に無駄に悲しい思いをさせたくないという親心を発揮したく思う。

まずは私の失敗談から。

一人飲みに自信がついてからというもの、もちろん調子に乗ってあらゆる店に行った。雑誌で見て行きたいと思っていた店、前を通ってずっと気になっていた店、かつて同僚と行き大満足だった店……ああ一人でどこでも行けるって、なんて素晴らしい！　今日はちょっと一杯飲んで食べて帰ろうかなんて日は誰にだってあるもんだ。でもこれまでは「あ、今日はちょっと」なんて断られやしないかとビクビクと気を遣いながら相手を探していた。でももうそんな必要なんてないのである。

が。世の中は甘くなかった。

同僚と行った時は居心地抜群だった店も、雑誌で大絶賛されていた雰囲気抜群の店も、「一人」と知ると露骨に戸惑った顔をされることが少なくなかった。人目につかない超隅っこに通され、どれだけ待っても注文も取りに来ない。他の客も私のことなどまるっきり無視である。どれだけスーハースーハー呼吸しようが何の変化もなし。ウン、浮いている。浮きまくっている！　もちろんこんな状況では何を食べても飲んでも味なんてしない。

最初は腹を立てた。「店の教育がなってねえ」「一人客をサベツするな！」と思ったのだ。だがそれは思い上がりというものであった。差別されているわけではない。失敗を繰り返すうちに、理由は次第に明らかになった。

このような店は、そもそも一人客が来ることを前提としていないのである。

客席の配置も店員の数も教育も、2人以上の客を想定して設計されているのだ。そこへ急に一人で来られても、断るわけにはいかないし、さりとて対応もできない。それは当然の結果である。つまりは間違った場所に無理やり入っていった自分が悪いのである。適材適所というのは、なにもサラリーマンの人事異動の際だけの標語ではないのだ。

ではどういう店がいいのか。

もちろん、一人客が来ることを想定している店を選ぶことである。

一番わかりやすいのはカウンターのある店。カウンターこそは一人客ＯＫの印だ。さらに言えば、カウンターには先客がいることが望ましい。店によってはカウンターが死んでいる（使われておらず、荷物置き場などになっている）場合があるからね。そんな店でいきなりカウンターに座ろうものならギョッとされてしまう。それはそれで面白い展開だが初心者向きではない。カウンターが生き生きと稼働している店。そこでまずはスーハーと深呼吸することをおすすめしたい。

というわけで無事、一人飲みに適した店を選んだら、いよいよ入店だ。

ま、緊張しますよね。でも大丈夫！

初めての場所は誰だって緊張する。それでいいのである。その気持ちそのままに、戸を開けて、初めて誰かの家にお邪魔するときのように、店の人と目を合わせて遠慮がちにニッコリすれば良いのだ。妙に世慣れた態度を装う必要なんてない。なぜって、向こうだって初めての客を見て緊張しているのである。初対面の者同士、おずおずと距離を縮めていけば良いのだ。

ま、お見合いみたいなもんですな。

で。いよいよ着席である。あ、ち……ちょっとちょっと！　そっちじゃないでしょ、こっちこっち！

極意その2

一人客用の席に座るべし

そうなのだ。いくら店が空いていて広いテーブル席がガラガラだったとしても、間違ってもそんなところに陣取ってはいけない。あなたが座るべきは一人席。すなわちカウンターである。

いやね、わかりますヨ。初めての店でカウンターに座るってまあま勇気がいる。なんだコイツ初めてのくせに妙に馴れ馴れしいじゃねえかと思われやしないかという心配もある。で、ついつい人口密度の低い、店の人からも遠く離れた静かな場所に陣取りたくなるのである。

でもそこはぐっとガマン！ ここは最初の頑張りどころだ。

まずは落ち着いて、店の人と目を合わせ、「カウンターいいですか？」とにこやかに声をかけ静かに着席しよう。もし隣に先客がいたら軽く会釈、もしくは「お隣失礼します」と感じよく挨拶をすればカンペキだ。

え、なぜそこまでしてカウンターに座らなければいけないのかって？

理由は二つある。

一つは言うまでもなく、ここが一人客にとっては最も適した場所だからだ。カウンターに座ればただそれだけで、周囲の人と自然にコミュニケーションをとることができる確率が飛躍的に高まる。

コミュニケーション？　いきなりそんなことできるかいと思ったあなた。大丈夫ですよ。コミュニケーションったって、別に会話なんぞしなくたっていいのである。カウンターの向こうで店の人が料理する様子を眺めたり、隣の常連客と店の人との会話を聞いたり、壁の高いところに置かれたテレビをみんなと眺めるだけでもいい。肝心なのは、目の前の人、隣の人、店の様子に関心を持つことである。お高く止まらず、心の壁を低くすることである。カウンターに腰掛ければ自然に、っていうかイヤでもそうなる。何しろやることないからね。それで良いのだ。それこそが、孤独なあなたの居場所づくりの第一歩である。

落ち着かないのはわかる。でも人生を変えるんですよ。頑張って！

で、二つ目の理由。

初めての店で、「空いてるラッキー！」と、いきなり一人で四人掛けのテーブル席に陣取るのは、店には決して喜ばれない行為だ。

そのうち団体客が次々やって来て、席が足りなくなった時のことを考えてみてほしい。店側にしてみれば、「すみません満席なんで……」とせっかく来た人を追い返したくはないし、さりとて初対面の客（あなたです！）に席の移動を頼むのもまああストレスである。つまりはあなたが四人掛けのテーブルに陣取った途端、店の人の頭の中にはそういう思いが瞬時に駆け巡り、あなたに対して「ちっ」と心の中で舌打ちをするかもしれない。

……ということを、自分なりに想像することが大事なのだ。

そう、一人飲みで何より大事なのは、自分のプライドやら恥ずかしい気持ちやらはさておいて、まず周囲を気遣うこと。繰り返し言うが、初めての店に入るのは「お見合い」である。あなたは自分に対して気遣いをしようとしない人を好きになることができるだろうか？

いやいや、見合いじゃないし。客だし。

と思うかもしれない。つまりは金払ってるんだから何やったって自由ではないかと。

良い疑問である。これも大きなポイントだ。分水嶺《ぶんすいれい》だ。確かに金を払えば相応のサービスを受けることはできる。それで満足という人はそれでよし。でもそのようなヤボな心掛けでは、その先の桃源郷にたどり着くことは永遠にない。ということを、かつてヤボそのものであった私は知っているのである。金を払ったその先に、プラスアルファでどういう行動がとれるかで、あなたは店に大事にもされるし冷たくもされる。金の力に頼る者は、どんなに金払いが良くとも本当の居場所を作ることはできないのであります。

で、ようやく席に座った、と。
さあいよいよ戦闘開始だ！

極意その3

まずは静かに店の様子を観察すべし

まずは何はともあれ落ち着こう。そうだな……イメージは「にわか宮本武蔵」である。何と言ってもこれは一期一会の勝負。斬るか斬られるか。そして一流の剣豪の条件とは何か？　それは間違いなく「平常心」を保つことだろう。で、我々は残念ながら剣豪ではない。どう考えても三流の田舎侍である。故に、努力しなければ平常心を保つことなどできないということをまずは自覚しようではないか。

そう、あなたは今、間違いなく焦っている。そして、焦りはすべてを台無しにする。なのでまずは、グッと意識して「間」をとること。しばし、何もしないで心を落ち着ける努力をすることである。つまりは剣豪のふりをして、ゆっくりと周囲を見回してみるのだ。剣豪になれずとも、それならなんとかできるはず。

極意その4

間が持たなくなってもスマホをいじってはいけない

そうなんですよね。「間」をとること、コレ大事。でもそうしてちょっと落ち着いてきたと思ったらたちまち、その「間」をどうにもこうにも持て余しちまうのが我ら凡人の悲しいところだ。いやホント、私ら何かの中毒だね。目の前の時間一つ、まともにコントロールできやしない。いつも忙しい忙しいとブーブー言ってばかりいるのに、実際に「やらなきゃいけないこと」が目の前から消えてしまうと、どうにもこうにも落ち着かないのである。

で、現代人はほぼ１００%、ここでスマホを取り出すわけだ。

スマホって、まさに魔法ですな。何しろちっちゃな油揚げみたいな可愛らしい手のひらサイズのハコから全世界と繋がることができるのだから。

そうこれさえあれば、間を持て余す心配なんて全くない。


実際、このような人は実に実によく見かける。

先日も、大衆居酒屋でカウンターの私の隣の席に通された若い男性客が、座った途端にスマホを出して目の前にドンと置き、動画サイトを起動して、素早く両耳にイヤホンを装着した。

いや……別にいいんですよ。

って言うか、気持ちはわかる。おそらく彼はどうしても動画が見たかったわけではなく、自分の居心地の良い場所を一生懸命作ろうとしたのだ。ポツンと一人カウンターにいることが落ち着かなかったんだよね。だから、ちゃんと自分にはやることがある、大丈夫、一人でも十分楽しんでるもんね全然平気ノープロブレム！　と、自分にも他人にもプレゼンする体勢を整えたんだと思う。

でもね、世界と繋がるスマホにも、絶対に繋ぐことができないものがあるのだ。それは、目の前のものである。スマホの画面からちょっと視線を外せば見えてくる、リアルなすべてのものである。

そうなのだ。これがスマホの罠なのだ。スマホを取り出した途端、あなたは指先一つで世界と繋がることができる。でも一方で、目の前のものとの繋がりはぷつりと途絶えてしまう。人は同時に二つのことをすることはできない。超便利なものには、超深い落とし穴があるのだ。

実際、私はその隣の男性客を見て何を思ったかというと、この人には決して関わらないでおこうということであった。だって「今自分にはやることがあるんです」とアピールしまくっている人に誰が近づこうと思うだろう。私だけでなく、そこにいた誰一人として彼に1ミリの親しみも示すことはなかった。彼はひとり異空間にいた。彼は自分の周辺に「心のアクリル板」をがっちり立てたのだ。

もちろんそんな人がいたっていい。誰しも一人でいたい時だってある。

でも、もしあなたが身も心もほっこりしたくて、つまりは心底リラックスして酒と肴を楽しみたくて勇気を出してここへやって来たんだとしたら、このような行動はご法度だ。彼は孤独であった。彼の周囲にはひんやりと白けた空気が流れていた。つまりは、彼は居心地の良い空間を作ることに完全に失敗していた。居心地の良い空間とは、自分の周辺に高い壁を作って得られるものではない。誰かに大事にされたければ、受け入れてもらいたければ、その誰かを大事にし、受け入れなけりゃなりません。となれば、今あなたにとって大切なことは「世界」と繋がることじゃなくて、「目の前の誰か」と繋がることでしょうよどう考えても。

ということで、何はともあれ頑張ってまずはスマホを封印しよう。たちまち不安になるだろうが、大丈夫です。今こそアレの出番だ！　そう深呼吸である。すべてを開く魔法の行動。吸って〜、ハイゆっくり吐いて〜……たとえ30秒でもこれを実行すれば、あなたはだんだん眠くなる……なんてことにはならず、良い具合にリラックスして少しずつ周囲が見えてくるはずである。

さあ眠ってる暇などありませんよ。さっそく次のステップだ！

極意その5

最初の酒は素早く注文すべし

さて、落ち着いたところで何をするかといえば、一にも二にもお酒の注文であります。店員さん、あるいはカウンターの向こうの店主が「お酒、どうします？」と聞いてくるので、そうしたら、すかさず何かを頼む。

いやね、もちろんここで「うーん、どうしよっかなー」などと迷ったたっていいんですよ。人にはそれぞれのスピードってものがありますから。落ち着いて選べば良い。ただ絶対にやっちゃいけないのは、いきなり酒について語り始めたりウンチクを披露したりすることである。

……ということは、前の章で書いた私の失敗談を思い出していただければ、十分おわかりかと思う。

念のため復習しますと、私は初めて行った日本酒の店で、なめられたくない、なんとか一目置かれる客になりたいと思うあまり、最初の酒の注文で、いきなり精一杯の日本酒の知識を匂わせた。その結果、一目置かれるどころか「小うるさい客」となってしまい、誰からも相手にされず、ポツンと一人、針のムシロの小一時間を過ごす羽目になったのだ。

このような失敗をしてはいけない。何度も言うが、初めての店に一人で行くとは「見合い」である。第一印象が肝心。ここで失点すると、後から挽回するのはなかなか難しい。

というわけで、改めて、その第一印象を決めることになる最初の酒の注文について考えてみよう。

それは、見合いに例えれば、まずは軽く自己紹介といったところである。それから徐々に間合いを詰めていくのが礼儀というものだろう。いきなり自分の人生観などとうとうと語っては、間違いなく相手にドン引きされてしまう。最初は何はともあれ、当たり障りのない話で時間を稼ぐことが必要なのだ。

居酒屋においては、この時間稼ぎの手段が「最初の酒の注文」である。

店にとっては、酒ならすぐ出せるので、混んでいても客を無為に放置しなくて済む。客にとっては、酒の注文を先に済ませてしまえばあとはゆっくり料理の検討に取りかかれる。どちらにとっても都合が良い、良く考えられたシステムなのだ。

……と、ここまで想像できれば、そのタイミングでいきなり中途半端な「酒談義」など挑み、無駄に時間や気を使わせては相手を困らせるだけとわかる。まずは店側が想定した「流れ」にうまく乗ることである。談義がしたければ、その後。互いに距離を縮めてからやれば良いのだ。

なので、最初は身構えず、ラクに、普通に！　もちろん「とりあえずビール」でもＯＫ。私は日本酒党なので、知っている酒があればそれを頼むが、そうじゃなければ「熱燗一合」と注文する。

酒揃えにこだわりのありそうな店なら、「おすすめのお酒を」と注文するのもアリかと思う。ただしその時は、もし出された酒がたとえ好みじゃなくても、それだけでその店をジャッジしないこと。だって向こうはあなたの普段の食生活や食べ物飲み物の好き嫌いなど一切何も知らないのだ。それなのに「おすすめの酒」を聞かれたとて、本当は困ってしまうところである。でも、そう聞くということは何を選んでいいのかわからず困っているんだろうナと想像し、あくまで一般的な「人気のお酒」「飲みやすいお酒」を出してくれているのである……ということを、私は親しくなった居酒屋店主たちから教わった。なので、それがぴったりあなたの好みに合わなかったからといって、それはお店のせいでもなんでもない。

なので、どんな酒が出てきてもまじめに前向きに味わうこと。店の人があなたに砕いてくれた心を無駄にしてはいけない。ちゃんと味わえば、その一杯が次の酒を選ぶときの基準になる。「次はもうちょっと甘いお酒を飲んでみたいです」などと言えば、店の人はたいそう喜んで張り切ってお酒を選んでくれるに違いない。

……え、なんで客の側がそこまで気を遣わなきゃいけないのかって？

そう、そこが非常に大事なところだ。この競争社会ではつい「勝つ」ことばかり考えてしまうが、今あなたの目的は相手（店）を打ち負かすことじゃない。相手と息の合ったダンスを踊ることである。それこそがあなたの勝利であり、店の勝利である。そのためにやれることは精一杯やるのが、結局はあなたのためである。

さていよいよここからが、本当の意味での店とのダンスのスタートですぞ！　そう、いよいよ料理の注文だ。

ただの注文。誰だってする注文。

でも、これをゆめゆめバカにしちゃあいけません。

極意その6

肴の注文はじっくり全力で行うべし

何度も言うが、居酒屋でのコミュニケーションの基本は「自分を大きく見せること」じゃない。まずは、何はともあれ店に敬意を払うことである。と言ったって、いきなり「いやー渋い店だねえ」とか、「カウンターの板がなかなか味わい深い」とか、「イキの良さそうな魚が入ってるじゃないの」などと、下手なグルメレポーターのような白々しい褒め言葉を発せよということではない。いやもちろん何を言ったって自由だが、きっと店の人に苦笑いされるだけである。

実は、居酒屋でのコミュニケーションの第一歩は「会話」ではない。

何よりもまず「注文」なのだ。

何も難しいことはない。メニューをじっくり見て、食べたいものを注文する。それだけのこと、当たり前のことである。でもそれを、ちゃんと本気で、全力でやってみてほしい。どれが美味しそうかしらとワクワクしながら選んでほしい。隣の人が食べてるものをこっそり覗いたっていい。聞き慣れないメニューの記載を指差し、店の人に「これはどんな料理ですか」と尋ねてみてもよい。

その真剣な態度こそが、店に対する敬意の表明に他ならないのだ。

飲食店とは、大衆的な店であれ、小洒落た店であれ、客に満足してもらえるだろうか、美味しいと感じてもらえるだろうかとドキドキしながら料理を考え、作っている。料理をする人は誰だって、誰かに「美味しい」と言ってほしいのである。なので、あなたがどんなふうにメニューを見ているか、店の人はカウンター越しにちゃんと感じ取っている。ワクワクしながら選んでいるなんて、料理人にとってこれほど嬉しいことはない。余計なセリフなど発しなくても、その態度だけであなたと店との間には心の交流がスタートするのであります。

さて注文は済んだ、と。いよいよ酒と肴が運ばれてくる。

もちろん、感じよくニッコリ会釈するべし。見事なお料理が来たら遠慮なく「わあ」と感嘆の声を上げて……てなことをゴチャゴチャ言っているが、まあ自然体で良いのだ。何しろ我らはシャイな日本人。身に付かぬ下手な演技などアレコレ考えていたら、それだけで力尽きちゃいますからね。それには早い。本番はまだこれからだ。

何はともあれ「いただきます！」。

極意その7

出された酒と料理は集中して味わうべし

これは「極意」などと言われるまでもなく、案外自然にスッとできると思います。だって一人なんである。そして、頼りのスマホも封印されているんである。つまり、他にやることがない。となれば、心おきなく、じっくりゆっくり、ただただ目の前の酒と肴を味わうしかないではないか。

いやー、なんて簡単！

と言いたいところだが、いざやってみると、案外モジモジそわそわすることに気づくのではないだろうか。

何しろ現代の日本人は案外このような体験をしたことがないのだ。食事といえばみんなでワイワイ、あるいは一人ならテレビを見ながら、スマホを見ながら、もしくは雑誌や漫画を見ながら……などなど、ほとんどの場合「何かをしながら」食事をすることが当たり前になっている。

言い換えると我々は、あらゆる店を検索し、ランキングをチェックし、あの店が美味しいだの不味いだのワーワーと評論している割には、「食べる」というものを実にないがしろにしているのだ。ちゃんと味わうということなんぞ、ほぼ誰もやっちゃいないのである。

……ということに、一人飲みをすると否応なく気づかされる。

でも動揺することはない。これはとてつもないチャンスでもある。


これは、店の人によく聞く話。

お客さんに料理を出していて何が一番情けないって、出した料理がちーっとも手をつけられぬまま、温かいものは冷め、パリッとしたものはフニャリとなり、刺身の表面はどんどん乾き……でも客は話に夢中で料理なんて眼中にない。早く食べて~と言いたいが、なかなかそうも言えないし……。

なるほど。言われてみれば、私も十分身に覚えがある。

「会食」の席ではつい「食」より「会」の方が優先されがちなのだ。食べることは案外誰かに会ったり話したりするための口実やきっかけにすぎず、予約の取れない人気店を予約しました！　みたいなところまでは皆頑張るけれど、一旦入店してしまえば、つい肝心の飲食はないがしろにしがちなのである。悪気はないんだけどね。でも考えてみれば、確かに申し訳ないことであった。客がこのような態度では、どんな良店とて次第におもてなしのテンションが落ちてきても文句を言える立場ではない。

しかーし！

一人飲みならばそのような心配は全くなし。何しろ会食ではない。一人ぼっちである。会話もないし他にすることもないのである。で、店の料理とは「お待たせしました」と出された瞬間が最も美味しいに違いなく、我らはその愛に満ちた瞬間を逃さず、ただすかさず食べれば良いのである。他の何にも気を散らせることなく、じっくり味わえば良いのである。

それはもしかすると、案外「人生で初めて」の体験かもしれない。

そうなんですよ人生に疲れたあなた！　我が人生にはもう新しいことなど何も起きないかもしれないなんてしょぼくれてるあなた！　そんなことは全くないのである。「食べる」という珍しくも何ともない、これまでの人生で数え切れないほど体験してきたはずの、そしてこの飽食の時代に大概のものは味わい尽くしてきたつもりのことであっても、本当のところ、実は何も体験してこなかったのかもしれない。

ってことを、少なくとも私は一人飲みをするようになって初めて思い知った。全く人生というものはまだまだ伸びしろがいっぱいですな。

というわけで、まずは飲みました。美味しい肴も味わいました。

どうですか。別に難しいことなんて何もなかったでしょう。ただ店に入り、挨拶をして、カウンターに座り、酒と肴を注文し、美味しく食べる。誰だってやることだ。でもその一つ一つを、ちゃんと心を込めて、店の人に感謝しながらやる。それだけのことです。で、それだけでまずは十分であります。もちろんそのままスッと帰ったってそれはそれでスマート。

でも、何度かそんな体験を繰り返して余裕も出て自信もついてきたら、是非、次のステップに進んでみよう。

そうここから、本格的なコミュニケーションに進むこともできるのであります。ちと難易度が上がってくるが、まああまり緊張しないでもらいたい。物事は最初からそうそうまくいかなくて当然である。多少の失敗をした方が、後から良き笑い話（＝酒の肴）になったりする。そう、失敗とは実は「美味しい」のだ。っていうか、あれこれ気をもむまでもなく絶対失敗するから大丈夫。そのくらいの気構えで肩の力を抜いた方が、案外うまくいくものです。

極意その8

食べた（飲んだ）後は、感謝を込めて感想を伝えるべし

これまでは会話といっても、入店の挨拶とか注文とかであった。これには型というものがある。心の準備もできるし、実際にも概ね想定通りにコトが運ぶ。つまりは会話というより「挨拶」の範疇《はんちゅう》といえよう。

が。ここからは違いますぞ。打てば、響く。打ち返し、また響く……そうキャッチボールとしての会話。いわば筋書きのない真剣勝負だ。

日々当たり前にやっていることのようでいて、いざ「やるぞ」と意気込んでみれば実に奥深く、正解がないのが会話である。……ああ私もかつて、この勝負を前に心底ビビったことを思い出す。なにせ相手は初対面。このフリーな会話こそは、何事においてもマニュアルを求め、つまりは失敗を恐れる現代人が最も苦手なものではないだろうか？が、だからといって逃げてはいけない。いやね、客なんだからもちろんどう行動しようが自由なんだよ。実際、一人飲み客が多い店に行くと、そこには二種類の客がいる。会話を楽しんでいる客と、黙っている客と。黙ってたら追い出されるなんてこたあないし、ヨッパラッてのべつ幕無しに喋ってる客もそれはそれでまあまあ迷惑だ。だがしかし、余計なお世話ではあるが、頑なに黙っている人ってどうも居心地が悪そうに見えて仕方がない。だから脇目も振らずスマホを睨んでいるんだろう。なので親切な一人飲みマスター（私）は助け舟を出す。醤油を取ってもらったついでに「ありがとうございますー」とにっこりして差し上げる。すると盛大にホッとしたニッコリが返ってくる。

そう人は人を恐れ、それでもやはり人を求める生き物なのである。

というわけで、いよいよ会話の始め方について。

……なーんて改めて言うと、緊張しますよね！

いや適度の緊張は構わない。むしろそれは礼節に繋がる。でも緊張しすぎて声が裏返っちゃったり、錯乱のあまりトンチンカンなことを口走って場の空気を凍りつかせたりして生涯のトラウマになるのは避けるべきである。

大丈夫。まずは、頑張って「気の利いた一言」だの、「教養がにじみ出るような講釈」を口走ろうなどとはゆめゆめ思わぬことだ。

場の流れに従い、当たり前のことを、当たり前に言えば良いのである。

そう。ナチュラルに行けば良いのだ。

となれば、何をおいても酒と料理の感想である。何しろ今食べたばかり。飲んだばかり。ね、これならできそうでしょう？

なんだ簡単じゃんと思ったあなた。そう簡単だ。そして簡単なばかりか、それは今まさに必要とされている一言でもある。もし黙っていたら「美味しくなかったのか？」「何か不満でもあるのか？」と疑心暗鬼な空気が漂い、店の人との間に無用なミゾができてしまうかもしれない。となれば居心地は確実に悪くなってしまう。

なので肝心なのは、なんでもいい。勇気を出して何か言葉を発すること。

簡単な一言でいいのだ。

「あ、美味しい！」

これで十分である。

もちろん、これでは伝えきれない感激を伝えたいのならそれもよし。おすすめのお酒が美味しかったら「こんな美味しいお酒初めて飲んだ！」とか、例えば鮎の塩焼きが美味しかったら「鮎は今年初めて食べました。贅沢な気持ちになりますね」などなど。

くれぐれも注意せねばならないのは、これはあなたの自己アピールのための一言じゃないということだ。肝心なことは、店に感謝の気持ちを伝えること。どこぞの馬の骨ともわからぬ客を快く迎え入れ、一生懸命に酒肴を用意してくれた相手が少しでも喜んでくれるような言葉を発することである。なので、我こそは食通であるなどと匂わせるようなダラダラした感想など語る必要なんてない。笑顔と、短い褒め言葉。これに勝るものはない。

この最初の会話というのは、簡単ではあるが実のところ全くバカにできないものがある。ここでうまく店の人と気持ちが通じ合うと、その後の展開は信じられないほどスムーズに運ぶんである。

例えばこんな感じだ。

何年か前、友人の居酒屋で店員見習いをさせて頂いたときのこと（一人飲みマスターともなれば、時々こんな貴重な社会体験をさせて頂くのです）。初来店のオジサマがカウンターに座り、目を輝かせながらメニューを見て、うーんどれもこれも美味しそうで決められないなあと困った様子。それを見た店主が「もしよかったら、お任せで何品か出しましょうか？」。で、無事商談が成立しまして、さてここからである。

このオジサマ、料理の皿が来るたびに目をキラキラさせ、実に美味しそうに丁寧に味わい、「いやおいしいわー」と毎品ため息まじりにおっしゃる。もちろん店主は「良かった！　ありがとうございます！」とニッコリ。

そんなやりとりが繰り返されるうち、横目で見ていると、明らかに店主は予算度外視で次々と気合を入れた料理を出しているではないか。後から確認すると、「いやあんなふうに食べてもらったらそうなっちゃいますよ！」とニコニコしている。

いや私ね、お金とは何かということを考えてしまった。我らが高度に発達した資本主義社会では、お金を払えば何かが手に入るというのが常識だ。ところが実は態度一つで、お金では決して手に入らないものが手に入るのだ。

まあ最初からこんなにうまくはいかないであろう。でもこの方から学ぶべきところは多い。この方、複雑なことは何もおっしゃらなかったのだ。ただ機嫌よく、幸せそうに食べ、美味しい！　と感想を伝える。それだけで自分が幸せになっただけでなく、店の人も幸せにしたのである。

これぞコミュニケーションそのものだ。会話とは一方的なものではない。双方がポンポンと自然にリズムよくラリーをして、気持ちを通わせることが大事なのだ。イメージは合いの手！　「よっ」とか「大統領！」みたいなやつ。要するに店の人が気分よく働けるような掛け声ですな。「おいしい！」と一言発する。たったそれだけのことだが、これをやるとやらないとでは大違いである。

ゆめゆめ、「わざわざ言わなくても」というサボリ心はいけませんぞ。夫婦間が冷え切っていく主要因が、当たり前の感謝や褒め言葉を「言わなくてもわかるだろう」とサボることから始まることを思い出してほしい。褒め言葉は、言えば言うほど何倍にもなって自分に返ってくる。これぞ最高の投資だと私は思うね。ノーリスク。元手も要らぬ。

一方でこれをサボる輩は非常に大きな取り返しのつかないものを人生で失うのである。

ナニ、もし出されたものが美味しくなかったらどうするのかって？

もちろん嘘を言う必要なんてない。でも食べ物に罪はない。世界には飢えている人もたくさんいるのだ。決して残したり文句を言ったりせず、感謝して頂き、長居せずごちそうさまでしたとニッコリ挨拶をしてサッと店を出れば良い。そのような控えめな善行は必ずや次に生きるであろう。

というわけで次、行きますよ！

極意その9

手持ち無沙汰になったら、他の客の会話にじっと耳を傾けるべし

さて最初の会話（「おいしい！」）は無事済んだ。ここから店の人とトントン拍子で話が弾むこともあるが、ま、世の中そんなに甘くない。良い店は混んでいて店の人も忙しいし、かなりの高確率であなたはポツンと一人カウンターに取り残され、ただ黙々と飲み食いすることになる。

やってみればわかるが、これはまあまあ落ち着かない。お尻がムズムズしてくる。で、そうだスマホ……って、それは禁止したはずですぞ！　ここが我慢のしどころだ。つまりは勝負の分かれ道。さて、どうするか。

実は最近、コロナ下において「オンライン茶道」を始めた関係でにわかに禅に興味を抱き、禅の極意とは「何もしないことを恐れず、むしろ楽しむこと」なんじゃないかと勝手に思っているんだが、お坊様方が厳しい修行をされていることを考えてもわかる通り、我ら凡人は「何もしない」ことになかなか耐えられない。だから一人酒は簡単じゃないのである。

で、私考えました。ならば「何かすれば」良いではないか。しつこいようだが、スマホ以外の何かですよ！

これが寅さんだったら、隣のお客さんとスッと感じよく会話なんか始めちゃったりするんだろうが、我々寅さんじゃないですからいきなりそのような野心は持たぬ方が安全である。

大丈夫。私、寅さんじゃなくても誰でもできることを思いつきました。

それは「聞く」ということだ。

隣の二人連れの会話でもいいし、店主と客の会話でもいい。誰も話をしていなければ店内のテレビの中の会話でもいいし、テレビがなければかかっている音楽でもいい、それもなければカウンターの中で料理をする音や、食器を洗っている音でもいい。なんでもいいのだ。とにかく集中して耳を傾ける。

ここで肝心なことは一つだけ。批判がましい気持ちを持たぬことだ。

「なんだくだらねえこと話しやがって」だの「この客知ったかぶりのウンチク語ってうっとーしい」とか「つまらん番組やってるな」とか「ＢＧＭのセンスがない」とか、そんなことを心の中でつぶやいてはいけない。

何事も受け止め方次第。大きな温かい気持ちで耳を傾ければ、くだらない話も案外有難い教訓を含んでいる……かもしれない。いや正直、どう聞いたってひとかけらの聞くべきこともないことだってある。それでもですよ、少なくとも話をしている人は一生懸命なんである。俺を認めてくれ、私を受け入れてほしい、振り向いてほしいと心の底から叫んでいることは疑いない。

そうそれは、今のあなた自身の姿である。そう思えばチッと舌打ちなどせず、頑張れ頑張れと応援したくならないだろうか？

そうまずは黙って店内の会話を一生懸命聞き、広い気持ちで受け入れることである。なぜこんな説教がましいことを言うのかというと、私が禅に目覚めたから……というわけではなく、これは極めて現実的な作戦なのだ。

やってみればわかる。はたから見れば、あなたはただ黙って孤独に酒を飲み、肴をつついている客である。しかしこのようにして周囲の会話に謙虚に耳を傾けていると、あなたを取り巻く空気は確実に変わる。気まずく浮いた感じは徐々に薄まり、いつの間にか、まるで数年来の常連客のような、開店以来店に置いてあるマネキネコの置物のような、つまりは暖かく自然な空気の流れがあなたをふんわりと取り巻き始めるのである。

一方で、たとえ言葉や表情に出さずとも、心の中で拒否的な態度を取っていればそれは必ずや周囲に伝わってしまう。いつまでたってもあなたは浮いたまま。気まずい空気のままポツンと一人で過ごし続けることになる。

こんなことをしつこく書くのは、これは案外やりがちなミスだからだ。緊張している時、人は何かにすがって自分を保とうとする。そしてその「何か」とは多くの場合、自分のどーでもいいプライドである。周囲に批判的な態度を取ることで自分の優位を確認し安心したいのである。それは私が何度もやらかしたことだ。いやほんと、試しにやってみてほしいくらいである。いやもうね、怖いくらい浮きますよ！　本末転倒とはこのことだ。自分のささやかな居場所が欲しくて勇気を振り絞って飲みに来たのに、自らその居場所をぶっ壊す私。げに恐ろしきは我がどーでもいい小さすぎるプライドである。

いやわかります。いくら小さくともプライドを手放すのは結構怖い。丸裸で敵地に乗り込んでいくようなもんだからね。でも大丈夫！　やってみれば案外クセになる。身を捨ててこそ浮かぶ瀬もあれ。身を捨てても、いや身を捨ててこそ快適に生きられるって魔法じゃないですかね？　しかもこの間、あなたは黙っているだけ。それだけで空気を変える。人は誰でも案外超能力者なのかもしれないと思う今日このごろ。

こうしてあなたは一言も発せず、しかし確実に店に馴染んできた。そうそうその調子ですぞ！

で、ここでさらにだめ押しの一発。

酒場での会話とは、まあ大体が笑い話である。あ、もちろんサラリーマンの愚痴とか上司の説教ってのもありますけどね。でもまあそうだとしても、時々はいわゆる「くすぐり」と言いますか、ちょっとしたギャグの一つや二つは挟まるものだ。

で、人様の話に真剣に耳を傾けているとですね、そうしたギャグに思わず「ニヤリ」としてしまうことがある。

そう、これなのだ。この瞬間！　この瞬間をしっかりと捕まえてほしいのである。そして、自然にニヤリとしてみてほしいのである。

間違えちゃいけないのは、あくまで「自然に」ということだ。人様の会話に割り込んでいくような大げさな笑いなど絶対に不要である。そんなことしたらあなたはただの「キモイ立ち聞き野郎」。要注意人物とみなされ、それからの会話はあなたに聞こえぬようコソコソ展開されるという最悪の結果を生んでしまうこと確実である。

そうではなくて、はたからわかるか、わからないかくらいでちょうどいい。ただフッと息を漏らすくらい……いや、そんな細かいことを意識してたらフッと笑うどころじゃないか。ごめんごめん。要するに何が言いたいのかというと、周囲の会話におおらかに耳を傾け、店の空気に心底馴染み、溶け込んでいれば、ごく自然にそういう瞬間が訪れるのだから、その大波にゆったりと自然に身を任せてほしいのである。

だって考えてもみてください。あなたが数人の仲間と楽しく飲んでいて、すごく面白い話になってみんなで大笑いしてるのに、隣の一人客がブスッと怖い顔で黙々と飲んでたら、ゲッこの人怒ってるのかな、うるさいとか文句言って来やしないかな……とか気を遣いませんかね？　一方で、みんなが爆笑したところで、黙って飲んでた隣の人がほんの少しほおを緩めてくれたならちょっと親しみがわくというか、なんだか嬉しくなりません？

聞きかじりのコンピューター用語で恐縮だが、皆様「同期」という言葉をご存じだろうか。

パソコンとスマホを「同期」させると、例えばパソコンで受け取ったメールをスマホでも見ることができるというアレだ。私はこの言葉を、会社を辞めて苦手なコンピューター環境を自力で整えるという悪夢に陥った時に初めて知った。聞き慣れぬ言葉に大いにひるんだが、今ではその小さな奇跡が行われるたびに、我がパソコンとスマホが互いにそっと心を通わせているかのように思えてホンワカしている。

で、私は今、初めての酒場に行くたびにこの言葉を思い出す。

そして自分も酒場と「同期」しようと試みる。つまりは店の人々と心を通わせるべく周波数を整えようと頑張る。書いてきた通り、コツは深呼吸と「聞く」こと。それさえできたらそこはもう私の居場所だ。あとは落ち着いて飲んで食べてにこやかに会計を済ませ、店を後にすればよろしい。余裕があれば、隣の人に軽く会釈でもすれば完璧である。

そう、あなたもどんどん同期してみてほしい。ここまでマスターすればまずは立派な合格点。一人ぼっちで見知らぬ街に行こうが初めての店に入ろうが、くつろいで食事を楽しむことができる。

そしていずれ、この方法は人生のあらゆる場面で驚くほど有効なことに気づくに違いない。実際私、この方法のあまりの有効性に味をしめて以来、初めての店はもちろん、引越し先でも、旅行先でも、言葉も全くできぬ外国の街でも、会う人すべてと「同期」を試みる。するとたちまち周囲の皆様の視線がフレンドリーなものに変わる。世界のどこへ行っても、まるでホームのようにくつろいで過ごすことができる。お金も情報も語学力も人脈もなくたって、私が地球を我が家とする日は近いように思う。

というわけで、まず同期。相手を受け入れ、同じ土俵に立つこと。これぞ悟りへの道かもしれませんぞ……などと大きく出たところで、さらにステップアップしたい方のための極意に入りたく思う。

何しろこの本の目標は車寅次郎である。行く店行く店で、ふと気づけば店の人にも常連客にもすっかり気に入られ、人手が足りない時にはエプロンなどして給仕役を務め、看板娘との結婚話も持ち上がり……という冗談のようなスーパーヒーロー。まあさすがにそこまでは無理としても、せっかくの食事どき。軽い冗談の一つでも言い合えるような無責任な飲み仲間を一人二人作るくらいのところまで行ってみてもバチは当たるまい。


そう、続いてはさらにステップアップ。「会話編」である。

目標は、初めてふらりと一人で入った店で、隣の人と自然ににこやかに会話すること。

……ナニそんなの簡単じゃないかって？　いやいやなめてかかっちゃいけません。胸に手を当てて考えてみてほしい。あなたはこれまでの人生で、肩書きなどに一切頼ることなく、ただの一匹の人間として、たまたま隣に座った人と、限られた時間で友達になったことなんてありますかね？

子供の頃は、そんなこと平気だったかもしれない。でも大人になってからは、ふと気づけば組織や仲間に頼って安全な世界に閉じこもることが当たり前になり、一人で外界へ一歩を踏み出すことがどんどん億劫になっていやしないだろうか。それが証拠に、だからこそ会社員はたかが定年になっただけですっかり途方に暮れてしまうんである。

だいたいさ、全く知らない人と話すって、いざとなると何を話していいのか全然わからんのよ。となると、別に話なんてしなくていいやってことになりがちである。いやもちろん黙ってたっていいんですよ。私とて、絶対関わりたくないタイプの人と隣り合わせになり、穏便に「拒否ビーム」を発して距離をとることはある。でもそうでない場合、なんというか、袖振り合うも他生の縁というではないか。人はやはり人と触れ合いたい生き物なのである。なのでこれができるかできないかで酒場の楽しみは月とスッポンの差が生じると言っても過言ではない。

ということで、私も頑張ったわけです。会話をどんどん仕掛けた。

で、どうなったかといえば、もう絶対に思い出したくないような失敗（ギョッとされる、ドン引きされる、無視される……）を繰り返したのである。

というわけで、まずはこれ。

極意その10

会話は強引にするものではないと心得るべし

いや本当に、赤の他人に話しかけるって実に難しいのだよ。

自慢じゃないが、私、元新聞記者であるからして、初対面の人と馴れ馴れしく話をする訓練はそれなりに積んできたつもりである。なので、そのスキルを総動員して頑張ったのだ。

まずは何と言っても話題である。

居酒屋にいるのだから、間違いない共通の話題といえば、その「お店」ですよね。ということでコレ。

「こちらのお店はよく来られるんですか?」

うん。いいじゃないですか！　何と言っても初対面の挨拶として実に自然である。

そして「酒」。これも、居酒屋にいるのだから間違いなく共通の話題であろう。例えば日本酒が充実した店であれば、こんなのはどうだろう。

「日本酒、お詳しいんですか？」

うんうんこれもいいじゃないですか！　さりげなく相手のプライドをくすぐるところも、なかなか手が込んでいる。

それでもダメなら話題がないときの大定番、天気の話というのもある。

「どうも、チワッす。いやー今日は暑かったですねー」

……我ながら、話題としてはどれも完璧な部類と思うのだがどうだろう。


だがしかし。

話題が完璧だから会話も完璧というわけでは全くないということを、私は痛いほど思い知ることとなった。何しろ、この広い宇宙で「隣で酒を飲む」という奇跡のご縁を得たお方に、精一杯のリスペクトと笑顔で完璧な話題を振った私の元に帰ってきたのは、いつだって「はあ……そうですね」という全く気のない返事。

なんと私、もれなく「穏便な拒否ビーム」を発動されていたのである。

これは本当にツライ。その後に流れる気まずい空気といったら！　酒も肴もそこそこにさっさと退散するしかないではないか。

一体何が悪かったのか。いろいろ考えた。

最初はもちろん「話しかけた相手が悪かった」と思った。居酒屋に一人で来るような人は随分と気難しい孤独な人たちなんだ、コミュ力がないんだネ……などと一方的に責任転嫁をした。だが同じような失敗を重ねるうちに、さすがの私も、これはどうも、問題は相手ではなく自分なのではと考えざるをえなくなってくる。

私ってもしや、ものすごく感じの悪い人間なのだろうか……?

いやいやいやそんなことは決してないはず!

だってこんな私でもですよ、ふとした拍子に自然に隣の人と楽しく話ができることも、ごくたまーにではあるがないわけじゃなかった。そう、私だってそれなりに見所がある酒飲みのはずなのだ。じゃあ一体何をどうすれば……と考えていてふと、ある事実に思い当たったのである。

うまく話が始まるのは、私が油断している時なのだ。見知らぬ人と自然に会話したいなどという分不相応な野望を捨て、もーどーでもいいやと気を抜いてダラダラ飲んでいる時に限って、なぜか会話が始まっているのである。

そうか。私は大事なところで思い違いをしていたのではなかろうか。

肝心なのは、リラックスすることだったんだ。リラックスしていれば何しろ酔っ払い同士、自然にだらしなく話が始まってしまうのである。っていうかそもそもみなリラックスしたくて酒場に来ているんだから、普通にしていりゃどうやったってちゃんと話ができるようになっているのだ。

それなのに、私はそれを待たずしていきなり力みかえって下手なナンパのような会話をせっせと仕掛けていたのだから、さぞ空気を乱していたに違いない。相手がギョッとするのも当然である。

要するに、大事なのは話題ではなく、「タイミング」を捕まえることなのだ。流れに身を任せ、求められた時にすかさず、求められた言葉を自然に発すれば良かったのだ。

鳴かぬなら　鳴くまで待とう　ホトトギス

これだ！　居酒屋では家康になることが肝要なのである。

そうリラックスしていれば会話なんて自然にできる。私も経験を積んだ今となっては、そのようにデンと構えているからますますリラックスして、会話に参入するタイミングの切れっ端も、豪速球のボールの縫い目が見えたという全盛期の王貞治のごとく、手に取るように見えるようになった。となれば無理に会話しようなんていう気負いも何もなく、必要に応じて一言を発し、周囲をニッコリさせ、場の空気をよりよく保つことができる。故にますますリラックスし、自然に一言を発し、周囲をニッコリさせ……以下無限ループ……。

これぞ、まさしく一人飲みマスターであります。

でも初心者はそうはいかないんですよね。わかりますよ！　そもそもリラックスってことがエベレスト登山並みに難しいから、そうなると会話に入るタイミングがいつまでたっても皆目不明。となるとますます緊張して、周囲が楽しくワイワイしているほど自意識過剰になり浮き上がってしまう。ああもしそんなとき私が隣にいたならば、あなたの苦境を察して助け舟を出して差し上げるのだが、まあそうもいかないわけでして。

もちろん失敗しながら徐々に上達していけば良いのだが、これぱかりは一朝一夕にはいかない。あまりに失敗が重なるとくじけてしまう人も少なくないかもしれない。

というわけで、ここでとっておきのヒントをお伝えしたく思う。私が数々の失敗の末に摑み取った、初心者向けの、いわば「サルでもできる酒場の会話ことはじめ」！

極意その11

まずは、カウンターの向こうにいる店の人と会話を始めるべし

これです！　いやもう本当に、これに尽きます。

これは初心者でなくとも実にオススメの方法で、その理由は星の数ほどあるんだが、まずは何と言ってもこれは店に対するマナーである。

物事には順序というものがあるのだ。

あなたはいわば旅のお人。見知らぬ家の扉を叩き、出てきた主人に「もし、今夜一晩お泊めいただくわけにはいかぬであろうか」とお願いをして招き入れて頂いた、どこの馬の骨ともわからぬお人である。となれば、言うまでもなく、まずは主人の信頼を得ねばならぬ。いきなり主人を飛び越えて家族の誰ぞとイチャイチャするなど言語道断であ

る。それは泊めて頂いた主人への最低限の礼儀である。

そうなのだ。旅のお人としては、まずは主人と話をして信頼を勝ち得なければならない。とはいえこれは面倒なことでもなんでもなく、むしろこちらにも好都合。だって、たまたま居合わせた隣の客が、何に興味を持っていて、どんな話題なら盛り上がるかなんて超能力者じゃないんだから皆目見当もつかぬ。でも相手が店の人ならば、何に興味を持っているか、間違いなくわかるじゃないですか。

そう。この新しくやって来た客（私）が、果たしてこの店を気に入るかどうか。そして、素行正しく感じのいい人間かどうか。つまりはこの先も店の良き客となる可能性があるや否やを知りたいに違いないのである。

そう思えば、難しいことを話す必要なんてない。その「知りたいこと」の答えをわかりやすくお伝えすれば良いのである。肴が美味しければ「おいしいです」、店の雰囲気が気に入れば「初めて来たんですが、いいお店ですね」と礼儀正しく言えば良い。余裕があれば、なぜ気に入ったのかを一言。「好きな銘柄のお酒があって嬉しい」とか「安くて美味しくて最高ですね」とか「ずっとこの辺りで、美味しいおでんを食べられる店を探してたんです（おでんがある場合）」とか、なんだっていい。本当の気持ちを素直に言うべし。

ね、これならできそうでしょ？

もちろん、もう二度と来たくないような店だったら黙っていればよい。でも私なら、一宿一飯の恩というか、ほんの少しでもいいところを見つけて店の人をニッコリさせようと頑張るけどね。「この街、初めて来たんですけど好きだな。雰囲気いいですよね」とかさ。これも練習。どんな相手もニッコリさせる修行である。大体ね、ひどい店の主人はえらく暗いものだ。その人に明るい顔をさせることができたなら、何かが変わるかもしれないよ。その一言がきっかけで名店に変身し、生涯の恩人として深く感謝されることになる可能性だってゼロとは言い切れない。世の中はどこかで繋がっているのだ。風が吹けば桶屋が儲かる。あなたの誠意ある優しい一言は決して無駄にはならぬ。だからまずは勇気を出して、店の人に何か一言！

というわけで、やや話がずれたが、要するに会話とは信頼の第一歩である。あなたが店の人に一言二言でも礼儀正しく話しかけることができたなら、あなたは間違いなく、店の人の信頼を得る階段を上っていく体制に入ったのだ。

ここまで来たら、もう慌てず焦らず、まずはそこはかとない信頼の空気を身にまとい、落ち着いて飲んでいればよろしい。なにせ生まれたばかりの信頼はヨチヨチ歩き。駆け出せば当然転ぶ。せっかく話しかけたのに沈黙が続くとどうしても不安がよぎるだろうが、慌てない慌てない。そのうち店の人が何かを聞いてくるはずだ。「会社、お近くですか」とか「この辺りはよく飲みに来られるんですか」とかね。

あとは通常の会話と同じである。「はい」とか「いいえ」だけでは会話が止まっちゃいますからね。少しだけ、次に繋がる話題を持ち出そう。「この通りにある××って店、時々行くんですよ」とかなんとか。すると「ああ、あの店は……」みたいな感じで会話のキャッチボールが始まる。あとは二人で手に手を取って一歩ずつ進んで行こう。信頼とはこのように自分と相手とが協力して気遣いながら築いていくものであります。

さらにもう一つ、重要な忠告を。

決してここで図に乗って、小難しいウンチクや自慢話を語り始めてはダメですぞ！しつこいようだが何度でも言う。今のあなたに必要なのは「自分を大きく見せること」

ではない。自分はこんなに酒に詳しいんだとか、実はかなりの食通なんだぜみたいなことを披露して、仮にそれが事実で、その店の誰よりもあなたが「上」だったとしても、一体あなた以外に誰が喜ぶだろう?

新顔のあなたの会話は、その場にいる他の客にも聞かれているのだ。会話の相手は店の人でも、実は店にいる全員が、この人は共に飲む仲間としてふさわしいか、そこはかとなく値踏みしているのである。

で、店の人は素早く、そんな全員の暗黙の投票を集計し、あなたが合格かどうかを決定するのであります。

「合格」をもらえたかどうかはすぐにわかる。

合格ならば、次のステップが待っている。

そういよいよ、その時が来たのだ。店の人がごく自然に、隣の客とあなたをつないでくれるのです!

いや……ようやくここまでたどり着いたと思うと誠に感慨深い。

初めて行った居酒屋で、たまたま居合わせた客と、自然に、楽しく会話をする——それはこの本が目指した野心的な一大目標である。寅さんのごとき「人たらし」の天才でなければ不可能と思われたプロジェクトXである。それを、それを……そんなん本当にできるんかと投げ出しそうになる気持ちを奮い立たせ、我らはようやくその入り口までやって来たのだ！

っていうか、私が無理やり皆様をここまで連れて来たのである。そう考えると、ここまで我慢して付いて来てくださった皆様がいることこそが奇跡以外の何物でもない。よくぞ私を信じて付いて来てくださいました！

そう。この「三角会話」こそが、私が傷だらけになりながら発見した、誰でも寅さんになれる奥義なのだ。

つまりは、隣の人と話がしたかったら、まず隣ではなくて、正面にいる主人に話をする。急がば回れ。ここでうまく話が弾んだら、主人が話の矛先を隣の人に向けてくれる。いわば会話の壁打ちですな。壁に向かって打て。それがスムーズに繰り返されれば、壁から隣の人にボールが打ち返される。

例えばこんな具合だ。

あなたがご主人に、今飲んだお酒が美味しかったと伝えたとしよう。で、多少話が弾む。そうしたらご主人が、あなたの隣にいる人に「××さんもこのお酒がお好きなんですよね？」と話を振る。すると隣の人が「そうそう、これ本当にうまいよね」みたいな返事をするわけです。となれば、あなたは隣の人に「ですよね！」と話さずにはいられないではないか。ご主人グッジョブ！　こうなればあとはどう展開するもよし。定番の「この店はよく来られるんですか」でも「他にオススメのお酒はありますか」でも。肩の力を抜き普通に団欒を楽しめば良いのである。

そう考えると、カウンターというのは実によくできた席だ。もしこの世にカウンターなかりせば、誰も仲人になってくれない。咳をしても一人。なので前にも書いたが、初めての店に入るときはカウンターのある店を選ぶ。そしてカウンターに座る。それだけで、あなたはもう一人ぼっちではない。

というわけで、誰でも初対面の隣の人とお話ができるテッパンの方法を伝授したわけですが、ここでもう一つ、言っておかねばならないことがある。

世の中には「誰とも話がしたくない人」もいる。和気藹々ムードの楽しげな居酒屋であっても、一人黙って静かに飲みたい人もいるのだ。そのような人に無理やりコミュニケーションを取ろうとしてはいけない。とはいえ、このあたりが初心者には全くわかりにくいところで、隣で黙って飲んでいる客が、本当は誰かと楽しく話がしたいと思っているのか、それともこのまま放っておいてほしいと思っているのか、皆目見当もつかない。なのでやはり、まずは店の差配に従うのが間違いないのである。店の人はそのあたりの呼吸は100％心得ているので、決してそういう客を誰かと繋ごうとはしない。だからですよ、もしもあなたが店の人と一生懸命フレンドリーに会話しているのにもかかわらず、店の人がちっとも隣の人とあなたとをつないでくれず、いつまでたっても一向に「三角会話」へと発展しなかったとしてもですね、がっかりしたり、店の人を恨めしく思ったり、あるいはこの本がエー加減なことを書いているんじゃないかなどと疑ったりしてはいけない。それにはそれなりの理由があるのだ。

なのでそのような時は、店を信じ、自分を信じ、やれることはやったのだ、あとはゆったり楽しく飲もうじゃないかとどっしりと構え、ただただ幸せに飲んだり食べたりすればよろしい。

いやね、これまで散々コミュニケーションを進めておいて今更ナンだが、黙って飲むのも悪くないもんです。肝心なのは、口より何より「心」を解放すること。つまりは一人でも決して孤独にならないこと。それができれば、黙っていたっておしゃべりしていたって結局は同じなのだ。見知らぬ場所、見知らぬ人の中にあってもくつろいで自分の居場所を作ることができれば、あなたの世界は確実に変わる。

というわけで、改めて復習。そのためのコツは……もう耳タコでしょうが、まずはそう深呼吸！　そして、自分を受け入れてくれた店の人に感じよく！

でもそれだけじゃ、何かが足りないんだよね。さらに大事なことがもう一つあるのだ。実は私、最近になってそのことに気づいたのである。

ことの発端は、例の新型コロナである。

騒ぎ勃発以降、私と居酒屋の関係は劇的に変わった。早い話が「行きにくく」なったのだ。何しろフラリと店へ行き、同じくフラリと店へ来た人とややあと何の生産性も目的もない愉快な会話をするという一人飲みの醍醐味が、これすべて「リスク」と認定されやがった。まさかそんな時が来ようとは、だ。新聞でこの本の元となる連載を始めた時はコロナのコの字もなく、担当の方と関連企画もドンドンやりましょうなどと盛り上がっていた。それがいつの間にか、打ち首獄門（連載打ち切り）になりゃしないかとヒヤヒヤしつつ、なんとかお目こぼしをいただいて、世の騒ぎをよそに貴重な紙面の一角で「空気読まない異次元ワールド」を展開し続けるというまさかの事態となったのである。

つまりはですね、私は新聞読者の皆様には一人飲みを熱くオススメしつつ、自身は居酒屋の暖簾をくぐり難くなっているという、言ってることとやってることが違うじゃねーかという全くよろしくない状況になってしまったのだ。

これはいかんと意を決して近所の馴染みの居酒屋に出かけたのだが、これがもう全く散々であった。

あろうことか、私は周囲の人をおしなべて疑っていた。おいおいこんなとこ来て大丈夫か、意識が低いんじゃないか……と、自分のことを棚に上げまくり、眉をひそめ息をひそめていたのである。

これはもうよろしくないどころの騒ぎではない。

誰も信じられない私。これって牢獄の中じゃないの。私が長年の修行の末にようやく手に入れた自由な世界は、いつの間にか跡形もなく消滅していたのだ。

敵はコロナより何より自分自身であった。人とは結局のところ、人を信じ心を開く時に幸せを感じる生物なのである。それが生きる甲斐というものなのだ。なのに人を疑い、誰も信じずに生きるなんて、コロナに感染しなかったとしても、それって「生きている」と言えるんだろうか。

というわけで、私はある決意をしたのであります。

よく考えれば、何が本当に正しいかなんて誰がわかるというのだろう。置かれた立場や考え方によって正しさなんて一億通り。ならば私がなすべきは、他人をチェックしたりジャッジしたりすることなんかじゃない。自分は自分なりに正しいと思う行動をして、あとはただすべての他人の無事と幸せを祈ることだけではないか。

というわけで私は再び意を決し、くだんの居酒屋を再訪したのである。

いや本当に行ってよかった。前回とは何もかもが違って……っていうか店はちっとも変わらないのだ。店のアニキがでっかいマスク姿で額に汗をかきかき、お、いらっしゃいと元気に迎えてくれて、消毒液を素早くシュッと……でも今回は、そのすべてが輝いて見えた。つまりはこんな状況下でどう考えても苦しいのは店で、しかも自らには何の科《とが》もなく、なのに憂いは1ミリも見せず我ら客をいつものテンションで迎えてくださるありがたさに、私はようやく気づいたのであります。

そう、変わったのは私。好きな店が変わらず開いていることは当たり前じゃない。そのことに感謝し、その世界が消えぬよう心から祈る私。ならばせめて自分にできることを……と言って何もできないが、まずは店に来なけりゃ始まらない。そして自分なりに感謝して礼儀正しく静かに酒を飲もう。そう心に決める。

カウンターの隣の席では、白髪のオジサンがウナギとマカロニを頼んでいた。お、なかなかのチョイス。ウナギは山椒抜きでと言ってるところを見ると常連さんだナ。話しかけたかったがこのご時世、無理は禁物だ。季節限定のすだちサワーと煮込み豆腐、ガツ刺し、南京揚げを頼みゆるゆる飲む。我がチョイスもなかなかと思って隣を見ると、オジサンがマカロニに小袋の芥子《からし》を4袋くらい開けて、山のように絞り出しかけている。やるなと思う。

で、お互い無言で飲んでいたんだが、やがて会計を頼んだオジサンがこちらを見て、「楊枝取ってもらっていいですか」とニコリ。はいと手渡すと「すだちサワー、イケましたか」。お、そうきましたか！　はいイケましたとも。次回是非！　と答え、「私も今度はマカロニに芥子いっぱいかけて食べようと思いました」と言うと、オジサン嬉しそうに笑って、ここのマカロニは最高だよねと言い、私もウンウンと頷いて、また会いましょうと言い合って別れる。

それだけのこと。一瞬のこと。でも私、ちょっとジーンとしたのです。

我が胸に、この世への信頼が確かにひたひたと蘇ってきた。我らは遠慮しながらも互いの気配を感じ取り、共感と関心を持って食卓を共にしたのである。我らは一人であって一人じゃなかったのだ。

誰もがそう感じられる場所を、つまりは一人であって一人じゃないと感じられる場所を、見知らぬ者同士が作り上げる。それが一人飲みなのだ。こんな時代だからこそ、それは宝石のように輝く行為ではなかろうか。

極意その12

隣の見知らぬ人の幸せを祈る。それこそが一人飲みの幸せである

4章 居酒屋店主に聞く

我らはどう見られているのか？

さてここまで延々と語ってまいりました「一人飲みの極意12か条」いかがでしたか。ま、一人飲みのベテランの方々から見れば至らぬところ多々あろうと思えども、それでも胸を張って言えるのは、これは右も左もわからぬド初心者が、サラリと一人飲みできる懐深き大人になりたいという熱い思いだけを胸に、幾多の失敗を経て血だらけになりつつ摑んだ12か条であるということだ。その意味ではコピペでもパクリでもない世界唯一の情報である。

というわけで私としては自信を持って、かつての私同様一人飲みデビューを夢見る方に是非お役立て頂き……と言いたいところだが、やはりそうは言ってもこれはあくまでも一客から見た一方的な12か条には違いない。

なのでここで角度を１８０度変え「店から見た一人飲み」についてレポートしたく思う。カウンターの向こうから我らはどのように見え、笑われ、愛され、あるいは眉をひそめられているのか。

取材させて頂いたのは、私が初めて一人飲みに挑戦した店、大阪は天神橋にある小さな気取らぬ名店「酒や肴よしむら」店主の吉村康昌さんであります。

……………………………………………………………

――いつぞやは本当にお世話になりました。で、さっそくですが、お送りした（本書の元となった）連載記事の率直な感想を……

いやー、あのイナガキさんがよくぞここまでと。『肝心なのはお金じゃない』とか『一人飲みを制する者は老後を制す』とか、ほんまにその通りと思って読ませてもらいました。

――本当？　いや自分で書いといてナンですが暴論じゃなくてよかった！

店やってたらね、まさにお金でも地位でもない、お客さんのホンマのとこが案外わかってまうもんなんです。会社のエライさんで、あちこちの高級店行ったと自慢する人ほど、そこで何食べてどうやったんか、驚くほど薄っぺらな感想しか出てこなかったりする。一方で、何の地位もない普通のそこらのおっちゃんが、えらい地味なもん食べた瞬間に、『あ、これうまいな』とパッと言う。値段や見てくれやなしに、心からうまいと思えるもんをちゃんとわかってはるんです。それがほんまの大人と思いますね。で、そういう人は、一人で飲みに来られる方なんです。酒場は人を大人にするなんて言いますけど、一人飲みが人を大人にするんと違いますか。だから僕、グループのお客さんに言うんです。次は是非一人で来てくださいって。一人飲みしたら人生変わりますって。

――一人飲みしたら人生変わる……私にもおっしゃいました！

だってほんまにそうですやん。僕、いい酒とちゃんと出会うだけでも人生変わると思ってるんですけど、酒場ってさらに、料理があって、器があって、さらには灯やらテーブルやら壁のしつらえやら、そこには全部、店の何らかの思いが入ってるんです。一人で来たら、それ全部とちゃんと向き合うでしょ。そしたらすごい発見がいくらでもある。でもグループで来たら、案外何も味わってないし見てないもんです。たまたま隣に座った人と話すこともない。一人なら、店に来なかったら一生会うことがないような、いろんな分野の、いろんなすごい話が聞けたりしますやん。もうええことしかないです。

――全くその通り……と今は思いますが、いざ挑戦となると敷居が高い。自意識過剰ですかね。正直、店にとって一人客ってどういう存在なので？

初めて一人で入って来られたら、まず僕ら、構えますね。どんな人かな、どうしてうちに来たんかなと……。

――嫌がられてるわけでは……

そんなことはないですよ。うちみたいなこじんまりした店は、一人客はすごくありがたい。気に入ってくれたら安定的に来てもらえて、曜日による客数のムラも解消してくれますから。今後も是非来てほしい。だからピリッとするんです。

――つまりお互い求め合っているのに、いや求め合っているからこそ双方緊張しているのか……

だから、ちょっとでいいから何かヒントをもらえたら嬉しいんですわ。どうしてうちに来たのか。一言でいいんです。たまたま通りすがりで店構えが気になったとか、日本酒に興味があって来たとか、誰かの紹介とか、出張で一杯飲みたくなってとか……それがわかれば、その人に合ったオススメや説明がちゃんとできますからね。お客さん自身も楽しめると思います。

——なるほど。自分の緊張のことばかり考えてましたが、店の人の緊張を解きほぐすためと思うと勇気を出してコミュニケーションが取れるかも

そんなに構えなくていいんですよ。素直に、肩の力抜いて、ほんまのことをひとこと言うてもらったら十分。あとは僕らの仕事です。

——歓迎されていると知ると心強いですが、それでも初一人飲みってやっぱり手持ち無沙汰だし寂しいし、肩の力も入ってくじけそうになります

それが当たり前と違いますか。でも、そこで挫折したらもったいない。僕が勧めるのは、最初はたとえうまくいかなくても、ちょっとでも「いいな」と思えるところがある店やったら、頑張ってもう1回行ってほしい。

——2回目ですか！　いや……初心者からすると、2回同じ店に行くってなんか恥ずかしいんですよ。大して親しくなったわけでもないのに馴れ馴れしいというか、コイツまた来やがっ

た！　みたいに思われそうで……

それ、ほんまにようわかるんですけど、店にしたら、2回目来てくれたら間違いなく嬉しいんですわ。ああ気に入ってくれはったんやと。

——えー！　もっと早く知りたかった

でも恥ずかしくたっていいじゃないですか。ドキドキしながらカウンターに座って「また来てくださってありがとうございます」なんて言われたら、ほんまに嬉しいもんです。そのギャップを楽しまんとね。店としたら、1回目に冷たいお酒を飲んでもらったら2回目は温かいお酒も試してもらったり、もう一歩踏み込んで楽しんでもらえるようにしています。それが気に入ったら、3回目も来てほしい。そこまできたら、もう常連です。1店舗制覇ですわ。そうなったらあとは自信を持って別の店に挑戦できると思います。

——オオなるほど。あと是非知りたいのは、店での振る舞い方です。店側から見て、こんな客は困るということはありますか

困るというか、いきなりスマホでゲームし始める人。それされたら、店にしたら、あ、バリア張らはったなと受け取るしかありません。結局、そのお客さんがどんな人なんだか、どうしてうちに来てくれたんだかわからないまま終わる。結局、そういう方は二度と来ませんね。そらそやと思います。だって、お腹は膨れても楽しくはないでしょうからね。酒場の良さって、やっぱり楽しさなんですよ。帰り際「美味しかったです」って言うお客さんは案外もうあまり来ないんですが、「楽しかった」って言うお客さんは必ずまた来てくれます。だからもし、ほんまは楽しみたいのに照れ隠しでスマホを見てしまうなら、せめて最初の酒と肴が出るまではグッとこらえた方がいい。

――確かに最近、席に着くなりスマホをカウンターに置いて動画を見始める人が案外います。雰囲気が白けちゃうんで本人も気の毒。そんなことしなくても大丈夫だよと言ってあげたいがバリアが怖くて言えない

一方で、距離が近すぎるのもダメですね。見知らぬもん同士が気持ち良く過ごすには、ほどほどの距離感が大事です。勤め先の業界くらいは聞いていてもいいとしても、どこの会社に勤めてるとかズカズカ聞くのはあかん。政治の話とか、飲みたがってもいない酒を無理やり奢るとかもね。ちょっとした気遣いですよね。そういう人にはこちらからやんわり注意しますが。

――逆に、これぞ「理想の一人飲み」っていうのはありますか

開店当初、パッと来てパッと帰らはる女のお客さんがいて「かっこええなー」とみな憧れてましたね。酒飲みは盛り上がるとつい「もう一杯」とダラダラしてしまうもんですが、それが一切ない。時間やから帰るわって。あと、週1回来てくれる聞き上手なお客さんがいて、ありがたいです。この方も女性で、「自分も話聞いてほしい」っていうファンがたくさんいるんですよ。

――パッと帰る。聞き上手。どちらも簡単そうで難しいです

まあそういう人は特別ですわ。難しいこと考えんと、ほんまにうちのことが気に入ってくれたら、気軽に来て楽しんでくれたらいいんです。

最近つくづく思うんですけど、今コロナで大変なことになってるからこそ、「一人飲み」がますます大事になってくるんと違いますか。一人飲みできる人って、家と会社以外にも、ちゃんと自分の居場所を持ってる人です。リモートで会社に行かなくなったら家とコンビニしか行くところがないって、やっぱり寂しいですやん。自分が心から信頼できる店、安心してリラックスできる店があるかないかで人生全然変わってくる。そういう場所を見つけるには、ネットで見た話題の店とか、予約の取れない店をいくら追いかけてもダメなんです。一人で飲んで、お金やなしに、情報やなしに、ほんまの自分と向き合う。店と向き合う。上下関係なしに隣の人と向き合う。そういうことをしたことない人が、案外多いんですよね。だから勇気を出して、是非挑戦してほしいと思いますね。

（2020年11月　「よしむら」にて）

「よしむら」さんといえば、挙動不審この上なかったであろう我が「初一人飲み」を泰《たい》然《ぜん》と受け止めて頂いた、まさに足を向けては寝られぬ店である。気づけばあれからはや10年。

懐かしすぎる訪問に、私自身が一番取材を楽しんだ。

何しろやはりと言うべきか、このコロナ禍にあっても、店は以前と全く変わらなかったのだ。取材前日にお店で一人飲みを楽しませて頂いたのだが、ご夫婦はマスク姿、カウンターには飛沫防止のアクリル板が立っていたけれど、ふと気づけばそんなことはすっかり忘れてしまう、暖かで気取らないおもてなし。安心感と信頼感の中で、客の誰もが思い思いにリラックスしている。

いや私、改めて思いました。これって本当にすごい場ではないか。

家でも会社でもなく、血縁関係も利害関係もない。でもそこに行けば、お互いがお互いを緩く受け止め合える場所。いつ行っても誰かがそこにいて、仕事やら家族やらへの愚痴も泣き言も笑って聞き流してくれる場所。人生の豊かさを決定づけるのは金でも名誉でも地位でもなく、こんなふんわりとした「第三の場所」を持っているかどうかなんじゃないだろうか。

考えてみれば、世の中が不便でみな貧しくて、隣近所が当たり前に支え合っていた時代には、誰もがこんな場所を持っていたのだと思う。というか、こんな場所がなければ生きていけなかったのかもしれない。

でも我々は豊かになるにつれ、お金さえあれば何でも手に入ると思うようになった。お金がなければ何もできないと思うようにもなった。かくして我らの世界はお金を稼ぐ場所と使う場所の二種類となり、こんな居場所は痩せ細り、今やすっかり貴重品である。

でも実は今だって、世の中は何が起きるかわからない。お金があったってどうしようもないことにぶつかることなんていくらでもある。生きているってそういうこと。だからこそ人は支え合うのだ。互いに弱きダメな生き物として、認め合い、許し合い、支え合う。それはお金じゃあ買えない。みんなが守り育てなきゃ。一人飲みはその第一歩である。自分で自分の居場所を作る。それは他の誰かの居場所を作ることでもある。

コロナの中で連載を続けることを躊躇したこともあったが、そんな必要はなかったんである。むしろこんな時代だからこそ、一人飲みなのだ。

5章

一人飲み、一歩前へ！

常連のススメ

一人飲み修行を始めた頃、恐怖のあまり、ついつい知り合いの店へ行きたくなる自分がいた。……ダメじゃん！　初めての店でも居心地良く過ごせてこそ一人前！　そう自分に言い聞かせ、悲壮な覚悟で目についた居酒屋の扉を「たのもう！」と叩き続けたことは前に綴った通りである。その道場破りのごとき荒行のおかげで今の私がいることは間違いない。

だがしかし。

今の私は、当時のように「初めての店」に行くことはほとんどなくなってしまった。もちろん、旅先では行きますよ。感じの良さそうな店を探してはふらりと入り、修行の成果を存分に発揮して愉快な時を過ごす。「努力は人を裏切らない」と思う至福の瞬間である。

でも普段はといえば、暖簾をくぐるのは「あ、いらっしゃい」と言ってくださる馴染みの店ばかり。特に現在はコロナ禍でもあり、歩いて行ける近所の店4軒ほどをくるくる巡回しては、店の人と目線で「お互い頑張ろう」とエールを交わし合い、機嫌良くさっくり飲み食いして帰ってくる日々だ。

と言ってもですね、決して消極的になったわけでも、サボっているわけでもない。

ただ私は、知ってしまったのだ。

一人飲みができるようになれば、きっと人生幸せに違いない。最初の頃はそう考えていた。で、確かにそうだった。ところがその先に、さらなる驚くべき幸せへの扉が存在していたのである。

その扉を開ける条件はただ一つ。「常連になる」ということ。


それに気づいたきっかけは、修行中のちょっとした違和感である。

本書でも繰り返し書いたが、店で気持ち良く過ごせるかどうかは、店の人に好感を持っていただけるかどうかが9割。そのためには、感謝の意はしかるべきタイミングでちゃんと言葉にすることだと気づいた私は、会計の時にも気を抜くことなく「美味しかったです」「良いお店ですね！」と、精一杯の気持ちを込めお伝えすることを自らに課していた。我ながら感心な態度である。

もちろん「ありがとうございます」の返事が返ってくる。

でも……何かが足りないんだよね。毎度、そのやり取りの後に発生する微妙な沈黙。これは一体……と考えていて、ある時ピンときた。そうそうコレだよ。最後のダメ押しの一言。

「ごちそうさま、また来ます！」

すると、店の人は少しピッとした表情になり「よろしくお願いします」とおっしゃるのであった。うん、決まった！　なんとも収まりが良い。

ということで、次第にこのようなやり取りをするのが当たり前になった。

もちろん、言ったからには実行せねばならぬ。気に入ったお店は2度目、3度目と訪問するようになった……と簡単に書いたが、これが全然簡単じゃない。グズグズする。何しろ気恥ずかしい。人間関係が希薄になった現代においては、何度も同じ店に行くのはどうも馴れ馴れしすぎる気がしてしまうのだ。キモいとか思われやしないかね。まるでストーカーにでもなった心持ちがする。

でも頑張りました私！　だって店の人は確かに「よろしくお願いします」と言ったではないか。もちろん社交辞令という可能性もあるが、あの時の顔つき、ほのかな笑顔。そうだよ歓迎とは言わないまでも、嫌がられているってことはきっとないはず……と自分に言い聞かせての必死の再訪。でもやっぱり、気まずいんだよね。初訪問の時にはなかった、互いに距離感を探り合う微妙な緊張が漂う。でもここが耐えどころだ。気まずければニコニコあっさり飲み、あっさり帰れば良い。さすれば風のような爽やかな印象を残すはず……と、人知れず地道な努力を繰り返すうち、突然の奇跡が起きたのだ。

いつものように店に行き、いつものように燗酒とおひたしなど頼んでゆるゆる飲んでいると、頼みもしない小鉢がさっと目の前に差し出され、「サービスです」とニッコリされる。

なぬっ！　こここんなことが我が人生に！

他の店でも、その奇跡は次々と起きた。

秘蔵のお酒を「飲んでみますか？」とこっそり一杯分けてくれる。

店主が別のお客さんに向かって、「この人はネ、酒の飲み方がホント粋なんだよ〜」などと私の自慢をしている。

いやいやいやー。なんなんですかーこれ？　この特別扱い！　キモい客どころか身内のごとき扱いではないか。別に私、何をしたわけじゃないんである。時々やって来ては、数千円払って楽しく酔っ払って帰るだけ。なのに、私はただの客から、特別な客へと変わったのだ。まるで私の席だけ見えない玉座になったかのよう。そうなのだ。そんなものがあるとは想像すらしていなかった「第二の扉」が、突然炎のごとく次々と開き始めたのである。

なるほどそうか。これを「常連客」と言うのではないだろうか？

実は私、ずっと「常連」という存在に良い印象を抱いていなかった。店を私物化して他の客の居心地を悪くさせるヤカラども。排他的でわがままな人たち。そんなふうに感じているのはどうも私だけではないらしく、グルメサイトのコメントでは「常連客ばかりで居心地が悪かった」などという投稿をちょいちょい見かける。

でも、いざ自分がこうして「常連」認定されてみると、それは一面的な印象であったことに気づく。

常連客とはその字のごとく、店に定期的に来る人のことだ。それだけのことなんだが、それだけのことが店にとってはきっとすごく大事なのである。何しろ飲食店は店を開け精一杯準備して待っていても、客が来るかはいつだって不明。そんな中、安定して通ってくれる常連は店の財産に違いない。だから、私は「特別な客」になったのだ。

そう考えると、常連とは、その店を支える土台とも言える。なるほどそうか。だから私の大好きなテレビ番組「酒場放浪記」の吉田類さんは、旅先で初めての店に行く時、常連客のことを「ご常連さん」と呼び、敬意を表して自ら挨拶に行っていたのだナ。さすが類さんである。私が旅先で良い店に出会うことができるのも、よく考えれば「ご常連さん」のおかげなのだ。常連がしっかり店を支えているからこそ、そのような良いお店がちゃんと生き残っているのだ。「常連客がいてうざい」などと言っている場合ではなかったのであった。


というわけで、図らずも私は、何度も同じ店に通うというチャレンジのおかげでそのような特別な客となったわけでありまして、で、一旦そうなってみるとですね、その第二の扉の向こうでは、実にミラクルな世界が日々展開されまくっているということを私は生まれて初めて知った。

一言で言えば、いつ行っても心尽くしの「おもてなし」を受けるのである。例えば、他のお客さんが頼んだものを「おいしそうだな」と思って見ていると「ちょっと味見しますか」と一切れ出してくれたり、相当に飲んだ後は、メニューにない「味噌汁」がすっと出てきたり、他の常連客が持ってきてくれた「お土産」をおすそ分けしてくれたり……つまりは私が「わあ」と喜びそうなことを、いろいろと考えて工夫してくださるのである。

こうなってくると、もはや「店」というより「家」ではないか。一人暮らしの私に、まさかのこの歳になって、暖かい家庭がそこかしこに出現したのだ。こんな世界があることを、私はそれまで全く知らなかった。何しろこんな情報は、いくらネットを検索しようがＡＩに尋ねようがどこにも出てこない。当然だ。これは通常の客の世界、すなわちお金を払えば手に入る世界じゃないんである。しかるべき時間をかけ、少しずつ信頼を積み重ねた先に、初めて第二の扉は開くのだ。これぞ現代に残された秘境であり桃源郷なのかもしれない。

そしてもう一つ、常連になることには重要な意味がある。

このようなおもてなしを受けていると、私のごとき利己的極まりない人間であろうとも、驚いたことに、心を尽くしてもらった以上はこちらも心を尽くさねばならぬという気持ちになってくるのであった。何かをしてもらうほどに、自分は店のために何ができるだろうと考えずにはいられなくなるのである。

例えばこんなふうに。

まずは店での態度。隣の見知らぬお客さんが次もまた来てくれるように、つまりは「良い店だな」と思って頂けるように、控えめに、しかし感じ良く振る舞うことを精一杯心がける。話をする時は、会話の中で店のことをさりげなく褒める。また、なるべく空いている時間帯に行き、混んできたら早めに席を立つ。

注文は、立て込んでいる時を避けてスマートに行う。また「今日はこれがおすすめ」と言われたら、間髪入れず「じゃあそれください！」と頼む（おすすめってことはいろいろ事情があるんだよ）。

さらには営業活動もする。友人が来たら必ず連れて行き、店の宣伝をする。そしてもちろん、何より大事なのは定期的に店に顔を出すこと……などなど。もうほとんど「スタッフ目線」である。間違っても、常連だからと過剰なサービスを要求したり、傍若無人に振る舞ったり、いつも来てるんだから負けてくれなどとゴネたりするなど論外である。当たり前のことだ。何しろ自分の大事な居場所。その店が元気に繁盛し続けてくれることは、自分の人生が豊かなものであるための必須条件なのだ。だとすれば、自分ファーストでなくお店ファーストで振る舞って当たり前ではないか。

このような態度が身につくと、これは一人飲みに限らず、人生のあらゆる場所で扉を次々と開けていく魔法の行動であることに気づく。誰だって、自分を思いやって行動してくれる人を大事にしたくなる。つまりは、自分が大切にされたければ、相手を大切にすれば良いのだ。

ま、考えてみれば当たり前のことだよね。

でもね、私はいい歳をして、この「常連体験」をするまで、このような心がけで行動したことはほぼなかったと思う。いやむしろ反対のことをしていた。より少ないお金で、より多いサービスを得ることが「お得」であり「賢い行動」だと思ってきた。相手のトクは自分の損、自分のトクは相手の損なのだと。それって私だけじゃなくて今や世間の常識かもしれない。でも、そんなことしてたら自分が得した分相手はどんどん疲弊して、気に入ったお店も潰れてしまう。そうなったら元も子もない。どちらかが一方的に得をしていちゃダメなんだ。むしろ大事な相手には、向こうがちょっと得するように行動してちょうどいいんだと思う。やってみれば別にそれで大金を失うわけでもなんでもない。

大事なのはお金より何よりちょっとした気遣いや行動だったりする。で、向こうもそう思っているわけです。お互いがお互いを「ちょっとトク」させるように行動する。そうすると結局お互いが得するんだよね。

なんというミラクルな世界であろうか！

店選びで失敗しない？

一人飲みの楽しさや効能を自慢していると、この孤独な時代に「一人で食事する場所」に困っておられる方はやはり多いのか、案外身を乗り出して聞いてくださることが多い。で、じゃあ私もやってみようかナ、と。で、必ず言われるのが次のセリフ。

「おすすめのお店、教えてください！」

お気持ちは、わかります。

私とてお教えしたい。何しろただでさえハードルの高い一人飲み。初心者はやはり安心なお店から始めたいものだ。それに、私の好きな店の宣伝にもなるしね。もし「稲垣さんに聞いてきました！」なんて人がたくさん押しかけたりしたら、私、ＶＩＰ待遇になって次回からお酒の一杯くらいタダになっちゃったりして……グフフ。あ、そうだ。せっかくだからこの本にも「一人飲みならまずはここに行け！」的な、著者おすすめのとっておきの店リストを載せようかしら？　その方がなんだか本も売れそうだしね！

……だがしかし。

熟考の結果、それはやめておくことにしたのであります。

決して出し惜しみとか、そういうことではない。そうではなくて、もしそれをやってしまったら、この本で私が真に伝えたかったこと、すなわち「一人飲みができるようになれば人生なーんにも怖くない！」という、この不安な時代において冗談としか思えないような無敵の境地にたどり着ける人は、どう考えても確実に減ってしまうに違いないということに気づいたのである。

具体的に言う。

まず一つ目。

初心者でも楽しめそうなおすすめのお店を教え、さっそくアナタがそこへ行ったとしよう。

私が身をもって切り拓いたお気に入りのお店であるからして、店の人も優しくて、居心地良いことコレ間違いなし。もちろんお酒もお料理も最高！　すっかり気に入って常連になるかもしれない。そうなれば、それはそれで素晴らしいことである。

でも、それだけではダメなのだ。そこで満足していては、残念ながらアナタ様はとてもじゃないが「一人飲みができるようになった」とは言えないのである。

一人飲みの醍醐味とは、まず何よりも、頼れるものなど何もないアウェイすぎる状況の中で、孤独に正面から向き合うことだ。一人では何もできない無力な自分を知り、ウッとなることである。偉そうに何でもできるかのように思ってきた自分は、案外お金とか肩書きとかに頼ってきただけだったんじゃねーかと愕然とすることである。その情けなさと向き合うことは、裸の自分自身と正面から向き合うことだ。

そんな体験が、果たして人生でどのくらいあるだろう？

そこにいるのはおそらく、見たくなかった自分である。でもそれを見る。嫌だけど見る。怖いけど見る。それは多分、めちゃくちゃ意味があることなのだ。だって誰も自分から逃げることはできない。その自分と向き合って、どうしたらいいかを真剣に考える。

そこで初めて人生が開けてくる。

それは「おすすめの店」に頼っていては決してできない体験だ。

ぬるま湯に浸かっていては修行はできぬ。初心者なりに一生懸命店を選び、意を決してえいやあと入店し、ドキドキしながら冷たい空気の中に身をさらし、それをどうにか改善しようとジタバタ頑張る……くぅ〜思い出すなあ。私の人生も、まさにそのような背筋の凍る体験から確実に切り拓かれたのだ。

身を捨ててこそ浮かぶ瀬もアレ。

その貴重なチャンスを私が奪ってはならない。

あともう一つ、重要なことがある。

これは一人飲みに限らないことだが、情報が溢れまくる現代においては、何事も「情報集めこそ成否のカギ」という思想がスタンダードになった。

つまりは一人飲みにしても、情報を正しく集め、店選びを間違えないことこそ何より肝要と考える。逆に言えば、もし良い時間を過ごせなければ、それは店選びを間違えたせいというわけだ。

だから皆さん、私にも「おすすめのお店は？」とまず聞くんじゃないだろうか。

いやーわかります。本当にわかるよ！　だって私自身がずっとそう思ってきた。一人飲みに限らず、食べることも飲むことも大好きだったので、本や雑誌や口コミやネットで絶えず「良い店情報」をチェックしまくっていた。その少なからぬ努力の甲斐あって、確かに多くの名店を知り、あれこれ機嫌よく食べ歩いて楽しんでいた。

でも一人飲みができるようになった今となっては、それは実に不自由で「つまらない」行為に思える。

だってまず、みんなが良いという店に行って「良かった！」って、それってあまりにも当たり前だ。答えのわかっているクイズに答えているみたい。だから？　という感じである。それが証拠に、そこには本当の満足があるようでない。せっかく名店を見つけても、次の名店の情報をいつだって探さずにはいられないのである。どこまでいっても、まだ見ぬ「本当に素晴らしいお店」が自分の目の前に現れるのを待っているのである。言い換えれば永遠の不満・不足を抱えているのである。ホント、何なんだろうねこれ。

考えてみれば情報とはそもそもそのような性質のものなのかもしれない。次々と繰り出される新しい情報に次々とみんなが飛びつくことが、おそらくは誰かの富の源泉になっているのだ。そんな中に巻き込まれていると、いつの間にか情報依存症になって、人生の貴重なお金も時間もエネルギーもどこまでも誰かに吸い取られて生きなきゃいけなくなったりする。

でも、今の私は違うもんね！

ふと気づけば、店の情報探しなど何年もしていない。する必要がないのである。だってどこにいようが良い店は目の前に溢れているのだから。ネットで「隠れた名店」なんて検索しなくても、いつだってどこだって、私の行くところ「隠れた名店」だらけなのだから。

何しろ私には、一人飲みという最強の武器があるのだ。

たった一人で見知らぬ店にふらりと入っても、すっとその店に馴染み、良き時間を過ごすことができるとなれば、すべてが名店である。本当に大事なのは店選びではない。大事なのは自分自身の「振る舞い」だ。客としての態度だ。自らの振る舞い次第で、どんな店も天国にも地獄にもなる。つまりは自分自身が宝の山なのだ。開拓し甲斐のある金鉱なのだ。

その内なる金鉱を発見することができたなら、永遠の安心と満足がやってくる。自分には足りないものなど何もないのだと心の底から信じることができる。
大事なのは店の発掘ではない。自分の発掘だ。
その偉大なる発掘作業すなわち、一人飲み修行なのである。

ってことで、私は店探しのための本や雑誌やネットのチェックから完全に足を洗った。こんな事態は人生初だが、やってみれば時間もエネルギーもたっぷりと生まれ、ストレスも消えた。最高だ。今までいかに、「幻の名店」探しに時間もエネルギーも取られまくり、尽きることのない焦りやストレスを抱え込んでいたか、である。今ではその余ったエネルギーで、自分の足でドキドキしながら店を探し、たとえどんな珍店でも難店でもそこを馴染みの名店に変えていくべく、客として力を尽くしている。それは筋書きのない日常のアドベンチャーであり娯楽であり、尽きることのない修行である。
……という境地に達すると、目の前のすべてがキラキラと輝いて見える。良きものも悪きものもすべてが愛おしく思えてくる。私とて、一人飲みを始めた時はまさかこんな世界が待っているとは思わなかった。でもこれは掛け値なく本当のことであります。

ということで、オススメの店リストを載せることで失われるものはあまりにも大きいと判断した理由がわかっていただけましたでしょうか。この本をベストセラーにすることを泣く泣く諦めた我が親心をお察しいただけましたら幸いです。

家飲み・外飲み

コロナの影響で「家飲み」をする人が増えているそうだ。まあ当然だろう。飲食することが感染拡大の急所と言われ、夜間営業の居酒屋に罰則を科す動きまで……となれば、どうやったって外へ飲みに行くのがはばかられる。

となれば、家飲み。ですよね。

でも個人的には、家飲みとはそのような消極的な選択の結果、次善の策として行うというようなものではないと思っている。

家飲みとは、自分を知る旅だ。剣の修行における「素振り」のようなものですな。つまりは日頃の鍛錬。その積み重ねあってこそ、果たし合い（＝外飲み）に臨んでも、まあかっこ良く勝てるかどうかはわからないが、少なくとも一撃で倒され即死ということは避けられる（かもしれない）という重要な土台である。

何しろ家飲みとなれば、どの酒を選び、どのつまみを選ぶのか、選択肢は無限。つまりは何を選ぶべきかゼロから考えなきゃならんということだ。そして結果は自己責任。酒もツマミもイマイチという晩酌になったとしても、店が悪いとか品揃えがイマイチとか料理人のセンスが悪いとか経営の態度がなってないとか、非難する相手はいない。すべては自分のせいである。

それこそが、家飲みの醍醐味なのだ。

失敗を繰り返しながら家飲みに真摯に向き合っていると、自分の本当の「好み」が少しずつわかってくる。

お店じゃないから、選択肢は無限と言ったたって現実にできることは限られている。何種類も酒を揃えることもできないし、仕込みに何時間もかかるようなツマミを作ることも普通はできない。となれば、結局は、無理のない、持続可能な、シンプルな晩酌を追求することとなる。ハレの晩酌が外飲みとすれば、家の晩酌はケの晩酌。ケとは日常であり、見栄も体裁も取り払った飾り気のない自分の本当だ。お店では「幻の銘酒」や、「ナントカふうナントカのナントカ」みたいなアテをきゃっきゃと楽しんでいても、実は焦げた目玉焼きにソースをかけたものをツマミに缶ビールを飲むのが一番好きだったりすることに気づくのが家飲みである。そんな自分に気づいてしまったら、店選びも変わってくる。流行のキラキラした店に目移りしまくっていたのが、そこらにある昔ながらの大衆居酒屋で煮込み豆腐とホッピーを楽しむのが一番落ち着いたりすることに気づくのである。

で、そこに行くと、そんな自分と「似たような人」がたくさんいるのだ。

本音のところで食べ物の好みが合う人というのは、なんというか、深いところで安心できる仲間なんだよね。ということで、家飲みに真摯に取り組めば、気の合う仲間に囲まれた、非常に居心地の良い場所を獲得する確率が高まるというわけです。そんな店は、いくらお店の情報を検索しまくったって発見することはできない。まずは自分を知らねば誰とも本当の意味で繋がることはできないのだ。

ということで、今こそ家飲み充実の時であると私は思うのであります。

——などと言ったからには、じゃあお前はどうなんだということになりそうですよね。いやその質問待っておりました。我が自慢の家飲みライフについて、以下とうとうと書かせて頂きます。

ご参考　私の家飲み

《酒》

酒は日本酒一辺倒。それも燗酒しか飲みません。

いやね、昔はいろいろ飲んだ。ビールにワイン、シェリー、焼酎、紹興酒……などなど。でもそのような歴史を経て、結局はこれが一番という結論に達したのが熱燗でありました。

理由はいくつもありますが、一言で言えば、今の私には、これがあまりにもダントツで一番美味しいんです。他の酒も好きですが、熱燗が好きすぎて、そこまで手が回らない。

まず何より、体に馴染む。気持ちも体もほっこりほぐれて、多少飲みすぎても翌日に全く残らない。考えてみれば、それこそが「美味しい」ってことの本質なんじゃないか。いくら口当たりが良いキラキラしたお酒でも、翌朝起きたら顔が麗子像のようにむくんでいたり、ひどい二日酔いになって人生の貴重な一日が実質消滅したりするなんて、美味しいとか不味いとかいう以前の問題じゃないかと思うお年頃になりました。となると、そういうお酒は現実にもそれほど美味しいとは思えなくなってくる。結局、落ち着く酒、馴染む酒が一番うまいんです。

実はこれに気づいたのも、まじめに家飲みをするようになってから。何しろ外で飲むとワーワー騒いでいるうちに気づけば二日酔いになっていて、飲めば二日酔いになるのは当然と思っていたのです。でも家飲みだと自分のペースで飲めるから、飲み方によっては二日酔いなんてならずに済むってことがわかるんですよね。当たり前と言えば当たり前のことなんだが、人生とは一人になってみないと当たり前のことにも案外気づかないものなのです。

それから、アテを選ばないというのも大きな理由。

世間ではそこは非常に誤解されていて、日本酒といえば和食、そして熱燗といえば冬の酒……などと思われている。でも全然そんなことないんだよ。熱燗はカレーだろうがトンカツだろうがイタリアンだろうが中華だろうが、さらにはチーズもスイーツもなんでも来い。とても懐の深い酒なんです。っていうことで、我が家の台所には燗上がりする（燗をつけてこそ美味しくなる）一升瓶が2本常備されておりまして、これさえあればどんなおかずだろうがドンと来い。そんなお酒は冷蔵庫などに入れずとも常温保存できるのも嬉しいところである。っていうか、常温で置いておくほど美味しく化けていったりするんですよ～グフフ。ま、いずれも世間では全然知られてない事実ですが。家飲みに真剣に取り組んでいるとそんなこともわかる。

ただ残念なことに、我が国には1400以上の日本酒の蔵がありますが、冷酒がもてはやされる昨今、このように熱燗にして美味い酒を作っている蔵は数えるほどしかない。なので日本酒ならなんでもいいというわけにはいかず、お酒はいつも、信頼する酒屋さんから取り寄せています。

この「酒屋さんとの出会い」も、家飲みの醍醐味の一つ。本当のプロの酒屋とは、取り引きのある蔵のその年にできた日本酒をすべて味見し、かつ客の好みを知り、オススメのお酒を的確に選んでくださるという、AIもビックリの、人と酒とを絶妙にマッチングしてくださる存在だということを、私は家飲みをするようになって初めて知りました。で、そんな素晴らしい酒屋さんをどうやって知ったのかというと、信頼する居酒屋さんに教えてもらったんです。家飲みと外飲みがリンクして食生活が向上するという一例ですな。

実はそんなプロの酒屋を知るまで、私は、良い酒をどうやって手に入れるかということについて大きな勘違いをしていた。すなわち良い酒とは、流行っている酒、有名デパートに置いている酒、大吟醸などの高価な酒、何かの賞を受賞した酒……などと当たり前に考えていたのです。

でも、そんなこたあ全くなかった。要するに「一般的に美味い酒」なんてものはないのだ。肝心なのは、自分にとって美味い酒かどうか。だから、自分の好みを知り、その好みの酒を理解してくれる酒屋に出会うことがすべてなんです。

余談ですが、このような酒屋に出会うと、その酒屋がお酒を卸している居酒屋に行けば間違いなく好みの酒が飲めるわけで、あの土地へ行ったらあの店へ行ってみようというリストが私の手元には多数常備されています。なんだか全国に親戚がいるような感じ。家飲みを充実させると、このような特典も付いてくるのであります。

《ツマミ》

これは凝りだしたらきりがないし、逆にいろいろと凝るのも楽しいことであろう。それを趣味としている酒飲みもいる。

だが私の場合は、一言で言って「雑」である。冷蔵庫もないカセットコンロ１個の極小台所で炊事をしているので、作るのは自称「秒ツマミ」にならざるをえないのだ。というわけで自慢するほどのことでもない。だがコロナ禍長引く昨今、一人飲みを始めたもののアテを作るのが面倒という人がいるかもしれないとフト思い、恥ずかしながら、誰でもできる秒ツマミのコツを少しだけ。

◆食材は1個あれば

秒ツマミの最大の美点は思い立ったらすぐ食べられること。酒飲みは案外せっかちだからね。となれば、肝心なのは「料理を作ろう」としないことである。ヨシ八宝菜を作ろうと考えるのではなく、冷蔵庫にしなびた白菜が転がっていたら「白菜を食べよう」と考える。それだけで一品できたも同然だ。何しろ白菜は「食べもん」だからどうやったって食える。そのままちぎって味噌でもつけながら食べてよし。味噌がなけりゃ塩でもポン酢でもマヨネーズでも柚子胡椒でも塩辛でもそこらの塩味なんでもＯＫ。

ね、秒でしょ？

大根でも人参でもカブでも同様。あ、世間ではこれを野菜スティックとも言うね。だがそんな名前はどうでもよろしい。スティックにする必要もなし。肝心なのは「食べもんはどうしたってうまい」と信じる気持ちだ。愛と感謝だ。

生でなく、火を通したければ、煮るなり焼くなりして塩やら味噌やら醤油やら、つまりは塩味のする調味料を投入すればよし。別に「なんとかふうナントカ」みたいな複雑な味付けをしたり、こねたり丸めたりせずとも十分うまい。っていうか、これこそが「素材の味を生かす」ってやつと思えば手抜きでもなんでもない。

この考え方さえマスターすれば、レシピサイトなど見ずとも冷蔵庫を覗き込むだけで一万通りのツマミができる。

◆漬物は万能

我が家には冷蔵庫がないので、食材保存のため漬物を始めた。やってみたらミラクルであった。ぬか漬け、塩漬け、おから漬け……余った食材を埋め込んでおけば取り出すだけで一品完成。まさに秒である。休日を潰して一週間分の「作りおき」などせずとも、漬物こそ究極の作りおきだと思います。味の付いた具としてスパゲティやチャーハンに投入してもオツである。ちなみに漬物、ハードル高いと思われがちだが、恐る恐るやってみたらちっとも難しくなかったよ！

◆調味料は最低限

我が家は台所が極小すぎるため、調味料はどんどんリストラされ、今や基本、梅酢と味噌のみである。さっぱりが良ければ梅酢、コクが欲しければ味噌を投入。泣いても笑ってもこの二択しかないので迷いがなく調理時間は格段に減った。まあ皆様はここまで減らす必要もないが、まずは「あるもの」で味見しながら好みの味を探ってみよう。味付けはシンプルな方が素材が生きることが体得できる。となれば料理は格段にラクになる。

◆「美味しい」を取り戻す

コンビニでツマミを買えば秒じゃんと言う人がいそうだし、もちろんそんな日があっても良いが、それがスタンダードとなることは推奨しない。秒ツマミのキモは、早いとか簡単ということに見せかけて実はそうではないのである。これは「美味しい」を自分の手に取り戻すエクササイズなのだ。

現代人は美味しいものを求めてやまず、情報は溢れまくっている。だが改めて考えてみてほしい。「美味しい」とは一体どんな味か。何が美味しいかは100人いれば100通りなはずなのに、まるで一つであるような常識がまかり通っている。我らはいつの間にか「美味しい」という大事な感覚を誰かに盗まれているのだ。

一人飲みも同じである。情報を調べただけでは本当に居心地の良い店は見つからない。その答えは自分の中にしかないのだ。自分で体験し、失敗もして、摑み取る。それは人生の醍醐味だ。「秒ツマミ」はその日のための予行演習でもある。

◆日々の「秒ツマミ」をちょっと紹介◆

焼いた黒パンと胡麻味噌

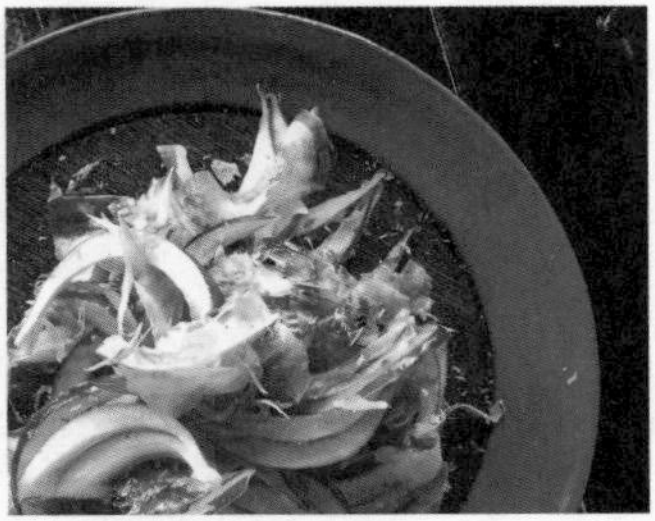

紫玉ねぎとオカカの
オリーブオイル和え

小枝ではなくゴボウ味噌漬け

ワカメとネギのゴマ油炒め

蓮根と人参の生姜入りきんぴら

枝豆の柚子胡椒オリーブオイル
和え

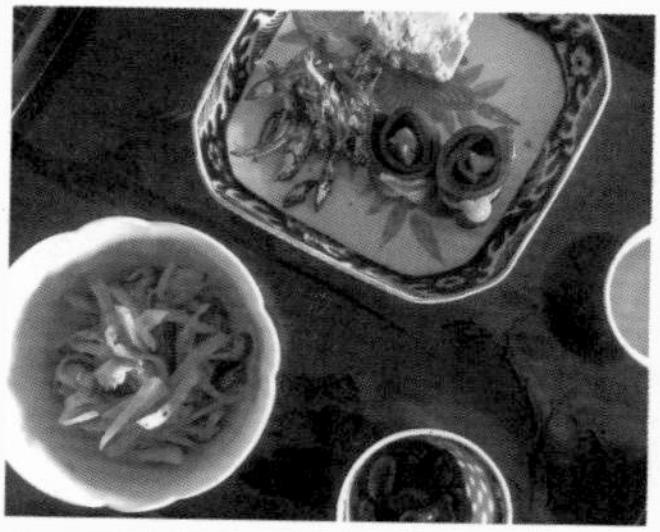

おせち料理は最高のアテ

すったジャガイモとニラを
混ぜて焼く

金柑とナッツのサラダ

真っ当なシュトーレンと
真っ当な燗酒！

摘果メロンのぬか漬けとチーズ

おからにオリーブオイルと
梅酢をかけて

キャベツを柚子胡椒で蒸し焼き

自然薯を皮ごとすり柚子胡椒で

蒲鉾にオリーブオイルをかけて

カブと人参のおから漬け

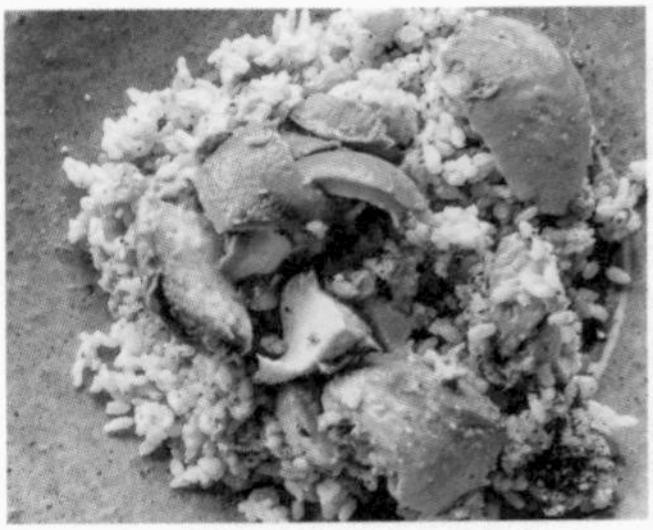

アボカドと梅干しの混ぜ寿司

ジャガイモにカレー粉と醤油をかけて

頂き物のくじらベーコン！

チーズに鰹節と醤油

味の濃いミカンを皮ごと
ブルーチーズと

長芋と紫蘇オイル漬けの
ポテサラ

ガンモを焼き大根おろしで

柿を熟成酒粕とゆかりで和える

女の一人飲み

先日、いつものように一人飲み自慢をしていたら、美人の粋な女性から、こんなお悩みを打ち明けられた。

一人飲みには、興味アリ。楽しそうだとも思う。で、実際に一人で飲みに行ったこともある（えらい！）。でもけっこうな確率でオジサンに絡まれるのが苦痛で、最近は滅多に行かなくなってしまったんです……。

なるほど……。女性にありがちな悩みですな。

何しろ酒場では、それも一人飲み客が集まるような酒場では、女性の一人客はまだまだマイノリティー。どうしたって目立つ。しかもそこにいるのは酔っ払ったオジサンたちがメーン。となれば本人悪気はないんだろうが、ついつい気が大きくなって、掃き溜めのツルのごとくどこからか舞い降りたお客さんに、なんやかや話しかけたり一方的に酒を奢ったり、食いかけのツマミを分け与えようなどとしてしまうのであろう。

しかし誰だって食事の時間くらい、ほっこりリラックスしてマイペースで過ごしたい。

そう思って感じの良い店に入ったら、まさかの全くお呼びじゃない見知らぬオジサンがカットイン！　そりゃ納得いかなくて当然だ。かといって、怒ったり、あからさまにイヤな顔をしたりしたら、場の空気がさーっと白けるだろうし、余計に面倒なことにもなりかねないから無碍《むげ》にもできない。で、ぐっとこらえていると相手はさらにグイグイ絡んできて……。

一体私はここへ何しに来たんだー！！！

と叫びたくなるお気持ち、心からお察しいたします。

で、そんな面倒な状況をうまくするりとかわす方法はないのでしょうかと聞かれましたので、もちろん私なりに解決方法を考えてみました。

◉その1　入店直後から「私に絡まないで」という拒否ビームを全身から発する

これは、まあ有効だとは思います。しかしこれはこれでものすごく疲れそうだ。何しろちょっと隙を見せたらオジサンがいつ攻撃を仕掛けてくるかわからない。頑張ってそんな隙を作らずなんとか無事店を出ることができたとしても、その時には肩も首もカチンコチンになっているであろう。何を飲み食いしたかも記憶にないということになりかねない。別の意味で、何しにここへ来たのかと考えてしまいそうだ。

●その2　本書では繰り返し「禁じ手」と強調してきた、スマホをあえて取り出す。イヤホンでもすれば完璧！

これはまず、間違いない。きっと誰一人としてあなたに絡んでこない。それに、周囲を無視して自分の世界に入り込めるので「その1」よりはリラックスできるかもしれない。でもまあ、確実に浮きますな。ここまでするなら、やはり何のために一人飲みに来たんだかわからない感じではある。

ならばいっそ……。

●その3　ファミレスに行って、テーブル席で一人で飲む

これでいいんじゃないでしょうかね？

いや……違うか。

だってそれじゃあ、確かに100%誰も絡んでこないだろうが、多分この方は、それを求めているわけではないのであろう。求めているのは一人でもほっこり楽しく食事をすることなのだと思う。ただ腹を満たすのでなくて、和気藹々とした暖かい雰囲気の中で、自分もその中にまざって機嫌良く過ごしたいのだろう。わかりますよそのお気持ち！　だってそれこそが、私が一人飲みにチャレンジした理由なんですから。

でも、変なおっさんに絡まれたくはない。

ふむ……。

結論から言おう。

そんな方法は、残念ながら存在しない。一人飲みとは、誰にも守られていない無防備な状態で、未知の世界へと踏み出していくことだ。これが2人か3人なら、集団でいることそのものが強固なバリアになって、よほどのことがなければ見知らぬオジサンが絡んでくることなどない。でも一人となればバリアはたちまち消滅。誰彼となくあなたにかまってくるし、その中にはうっとーしい輩だって一定の確率で混ざっている。好ましい爽やかなイケメンだけがいい具合に自分に絡んでくる方法なんてあるんなら私が知りたいヨ。

つまりはですね、何かを得ようと思えば、リスクはつきものなのだ。元本保証で大儲けなんてないのと同じで、リスクを取ってこそ、得られるものは大きいのであります。面倒なオジサンとの出会いの波を乗り越えた勇者にだけ、イケメンとの出会いが待っている（かもしれない）。

でもね、まあ、解決方法がないわけじゃない。

言うておくが、絡んでくる相手はどうやったって選べない。でも、その相手を自分にとって好ましい人物に変えることはできるのであります。つまりは、「うざいオッサン」を瞬時にして「まあまあ面白くて憎めないオジサン」に変身させる。そんなウソみたいな方法が、一つだけあるんです。

それはですね、まずは相手を受け入れること。

あ、受け入れると言ったって、なにもウザい相手と肩を組んで一緒に飲むとか、この後もう一軒一緒に行くとか、そんなことじゃないですよ！　嫌なことはきっぱりと断ろう。場合によっては揉めたってちっとも構わない。

受け入れるっていうのはそういうことじゃなくて、外で楽しく飲み食いしようと思ったら、たまたま隣になった相手が妙なオッサンだろうが酔っ払いだろうが、まずはその場にいる人を尊重し、その場にまぜていただくことに感謝することからスタートするべきなんです。それが礼儀というもの。礼儀って「堅苦しい何か」ではなくて、自分を場に馴染ませるための便利な道具なんだと思う今日この頃。礼をわきまえた人間は、向こうからも礼を返してもらえる。それは、私が一人飲み修行で学んだ偉大なる法則の一つであります。

じゃあ具体的にどうすりゃいいのかっていうと、何も難しいことはない。

まずは、「みなさん、楽しく飲んでおられるところお邪魔させていただきます。どうぞよろしくお願いします」と、心の中でお経のように唱えながら入店してみよう。なんなら入店後も呪文のように唱え続けてもよろしい。その際、本書で繰り返し述べた「深呼吸」も実に有効だ。そう「息を合わせる」んである。このようにして、何はともあれ新参者として、その場の空気を乱すことなく、自分もその空気の中に自然に溶け込めるように努力してみよう。

やってみればわかるが、これがうまくできるようになると、不思議なことに、嫌な絡まれ方をする確率は格段に低くなってくる。

なぜなら先ほども述べたように、自分が相手を尊重すれば、相手も自分を尊重してくれるのだ。といっても相手は酔っ払いだから、まれにしつこい絡み方をしてくる人がいないわけじゃない。でも、その場の空気に溶け込もうと努力さえしていれば、そんな時は必ずや、隣の見知らぬ客、あるいはお店の人が、やんわりうまいこと助け船を出してくれるものです。さらには自分自身も、あれこれ要らぬおせっかいをされても、嫌なものは、微笑ましい雰囲気を崩さぬまま、スカッと爽やかに、しかしきっぱりと断ることができるようになってくる。つまりは「揉め事」が、通常の「楽しい酒場の会話」へと変わるのだ。となれば、不愉快な体験などそもそも起きようがないのである。

どうしてそういうことになるのかというと、居酒屋って一つの船みたいなもんなんですよね。みんなが力を合わせて漕いだり、うまくバランスをとったりして、なんとか沈まずに前へ進んでいける。なので、自分もその一員としてゆらゆらと波に身を任せることができれば、自然に、その場でどう振る舞ったらいいかがわかってくるし、周囲も助けてくれる。そのうち、あなた自身が、戸惑っている新参者をうまいこと助ける側になるはずです。そうなったらかなりかっこいいですよ！

だからちょっとだけ勇気を出して力を抜いて（そうなんです力を抜くには勇気がいるんです！）、「店の雰囲気」という波に身を委ねてみよう。そのためには、ひどい酔っ払いだろうが、しょうもない話で盛り上がっているアホであろうが、「キモい」とか「うっとおしい」とか「こっちに絡んでくるなよ！」とか思わないこと。みんな、いろいろあるんです。だからこの店にリラックスしに来ているんです。それは自分も同じこと。自分だってまあまあアホでどうしようもない。そう思うことができたなら「みんないろいろあるんだなー。大変だよね。お互い頑張りましょう」という気持ちで、静かに飲むことができる。それだけで、そこはたちまち、孤独とは無縁の、楽しくリラックスした食事の場になることは私が保証する。

あともう一つ、とっておきのアドバイス。

そうは言ってもやはりハードルが高いであろう「女性の一人飲み」でおすすめなのは、まずは、いつでもふらりと行けるお気に入りの店を一軒、持つことだ。そして、週に一度でも月に一度でもいいので定期的に通うこと。

そう「常連」になることです。

一旦そうなってしまえば、店の人がしっかりとあなたを守ってくれる。そうなれば安心して飲めるし、安心するといろんなことが見えてきて、他のお客さんの振る舞いにも目が行くようになる。「こういう態度は良くないな」ということもわかってくるし、自分もこんな素敵なお客さんになりたいなという、素晴らしい振る舞いの方々にもたくさん出会うことができる。良いことはどんどん真似しよう。そのうち、ふと気づけばあなたの「一人飲み力」はワンランクもツーランクも上がっているに違いなく、その力はどこへ行っても通用するわけで、そのように振る舞えるようになると、初めての店だろうがなんだろうが、妙な輩に絡まれて嫌な思いをする確率は飛躍的に下がります。ホームが固まれば、アウェイでも戦えるというわけ。

健闘を祈る。

おわりに

これを書いている2021年夏の時点で、世界を覆い尽くしたコロナ禍からの出口はなかなか見えず、我が国でも飲食店、特に居酒屋など酒を出す店が感染拡大を引き起こすとして、営業を厳しく制限されている真っ最中である。

そんな中、まさかの「一人飲みのススメ」の本を出すことになってしまった。

偶然とはいえ、こんなひどい偶然ってあるだろうか。一人飲みどころか「人と接すること」がおしなべて悪とされるご時世なのだ。どうしても接したければコンピューターの画面越しにどうぞと。そんな中、本書が推奨するのはあくまでベタすぎる人と人との触れ合い。何しろ目標は、初めて行った酒場で偶然隣に座った人とたわいもない会話をすることである。

まさに不要不急すぎるチャレンジ行為！　小池知事が聞いたら即座に「控えていただきたい」と怒るであろう。日頃の行いがよほど悪かったのか。胸に手を当てて反省するも今更遅い。

最初はこんなことになろうとは、想像もしていなかった。

この本の元となったのは、2019年の夏に東京新聞・中日新聞夕刊でスタートした連載「ああ憧れの一人飲み」である。当初はコロナのコの字もなく、夕刊向きの軽い話題として調子こいて書いていた。それが半年後からとんでもない状況に。でも一旦始めてしまったものをどうすることもできず、内心ドキドキしながら、世の情勢とは全く関係ないようなフリをして連載を続けたのであった。「不謹慎」という投書などなかったろうか。もしかすると担当の方が私を傷つけまいと、手元に止めおいて苦しんでおられたのやもしれぬ。本当に申し訳ありません。今更ながら、太っ腹な東京新聞・中日新聞様に深く感謝申し上げる次第である。


というわけで、その流れで実にタイミング悪くこの本を世に送り出すことになったわけだが、本当のことを言えば私、この本で書いたことは、こういう時代だからこそ、多くの世の中の人に知っていただく価値があるんじゃないかと思っているのです。

もちろん、まだまだ飲みに行きにくいご時世である。私自身もほぼ近所の店しか行かないし、混んでいる時間帯は避け、楽しい会話も控えている。つまりは一人飲みの楽しさを封印して生きざるをえない。でも次第に、むしろこのような時代こそ一人飲みの精神が必要なんじゃと思えてきたのである。

いや何も、感染など気にせずどんどん飲みに行こうなどと言いたいわけではない。それは「一人飲みの精神」とはかけ離れた行為だ。本書を読んで頂いた方はおわかりと思うが、一人飲みとは単に一人で飲み食いすることではない。自分の心地よい居場所を自分で作ることだ。そのために必要なのは一にも二にも「周囲への気遣い」である。自分がどうしたいかはひとまず脇に置いておいて、場の雰囲気を良くすることを精一杯やる。結局、みんなが良くなれば自分も良くなるのだ。それは、少なくとも私には革命的な発想の転換であった。何しろ人のことよりまず自分のことという競争社会の常識とは真逆である。でも実際にやってみれば、その効果は「競争社会の常識」なんぞはるかに超える、絶大な効果を発揮した。私は、求めても求めてもずっと得られなかったものをいとも簡単に手中に収めた。つまりは無条件で安心できる自分の居場所を手に入れることができたのだ。

そこさえ押さえておけば、どんな状況であれ、自分にできること、やらねばならぬことがそれぞれに見えてくるのではないだろうか。

そうなのです。このたびの非常時にあっても、私は我が一人飲みの経験に助けられた。誰もが未知の事態に怯える中で、自分のことよりも何よりも、何はともあれ近所の馴染みの店や、そこで縁を得た幾多の友達を支えようと思えたことが私自身を支えた。声をかけ、足りない物を融通し、できる範囲で店に顔を出した。するとと同じだけの、いやそれ以上の気遣いや物が帰ってきた。つまりはこのたびのことで私を取り巻く周囲の絆は間違いなく深まったのである。これはもう全く、一人飲み修行のおかげであった。


つまりはですね、今となってみれば、実はこの非常時にそぐわぬ「一人飲み」という不要不急極まる行為こそが、この先の見えない時代を生き抜く最大の武器になると確信するに至ったのであります。ウン。そうだよ。よくよく考えてみれば「感染防止と経済の両立」って、結局「一人飲み」のことじゃねーの？　平たく言えば、皆が互いに気遣いながら繋がりを絶やさず生きていくってことでしょ。それって一人飲みの本質だよ。

などと大風呂敷を広げたついでに、何しろ最後だからドーンと大きいことを語ってしまおう。

私は本書において結局のところ何を書きたかったのかというと、それは、人の「自由」とは一体どこに存在するのかということだったのだと思う。

自由になるとは一体どういうことか。

圧倒的多数の人は、自由とはお金であり権力であると思っている。有り余るお金を手に入れて、周囲の人を家来のごとくアゴで使うことができるのが最高に自由な人間なのだと。なので耐え難きを耐え忍び難きを忍び、なんとか競争に勝とうと頑張っているのである。で、頑張りすぎて心身をすり減らし、自由を手に入れるはずが気づけばボロボロになっているのである。

これを人生における大きすぎる罠と言わずしてなんであろう。

でも実は、自由になるってそういうことじゃないんだとしたら。そんなこととはこれっぽっちも関係ないんだとしたら。

それを知ることはこれはもう間違いなく、人生における革命を引き起こす行為である。

それが一体何なのかは、この本をお読み頂いた方にはもうおわかりのことと思う。そう一人飲みとは、人生の罠から抜け出し、真に自由な人生を歩き出すための第一歩なのである。

本書は、東京新聞・中日新聞に「ああ憧れの一人飲み」（2019年7月から2020年12月）と題して連載された文章を再構成し、加筆・修正したものです。

稲垣えみ子（いながき・えみこ）
1965年、愛知県生まれ。一橋大学社会学部卒。朝日新聞社入社。大阪本社社会部、『週刊朝日』編集部などを経て論説委員、編集委員をつとめ、2016年に50歳で退社。以来、夫なし、子なし、冷蔵庫なし、ガス契約なしの「楽しく閉じて行く生活」を模索中。日本酒好きとしても知られ、イベントを手伝ったり主宰したりと普及活動にも励む。著書に『魂の退社』『寂しい生活』『人生はどこでもドア――リヨンの14日間』（共に東洋経済新報社）、『アフロ記者』（朝日新聞出版）など。『もうレシピ本はいらない』（マガジンハウス）で第5回料理レシピ本大賞料理部門エッセイ賞を受賞。

一人飲みで生きていく

2021年９月15日　初版第１刷発行

著　者　稲垣えみ子
イラスト　佐々木一澄
装　丁　芥 陽子
ＤＴＰ　濱井信作（compose）
編　集　平野麻美（朝日出版社）

発行者　原 雅久
発行所　株式会社 朝日出版社
〒101-0065 東京都千代田区西神田3-3-5
tel. 03-3263-3321　fax. 03-5226-9599
https://www.asahipress.com/
印刷・製本　図書印刷株式会社

ISBN978-4-255-01249-0 C0095